Gestalten und Persönlichkeiten aus Mythologie und Geschichte

Mythos

1. Prometheus 5
2. Herkules 6
3. Perseus 6
4. Ödipus 7
5. Odysseus 8

Geschichte

1. Alexander der Große 10
2. Das Ende der Königszeit 10
3. Altrömische Virtus 11
4. Pyrrhus 12
5. Hannibal 13

Abschlussquiz 14

Austria Latina

Die Römer in Österreich

1. Die Besetzung Österreichs 14
2. Carnuntum 15
3. Kaiser Mark Aurel 15

Die Christianisierung Österreichs

1. Hl. Florian 15
2. Hl. Severin 16
3. Columban und Gallus 17

Österreich im Mittelalter

1. Grausiges und Lustiges 17
2. Klostergründungen 18
3. Richard Löwenherz 19

Österreich von der Renaissance bis zur Neuzeit

1. Wien im 15. Jahrhundert 19
2. Lateinische Inschriften 20
3. Innsbruck 21

Abschlussquiz 21

Begegnung und Umgang mit dem Fremden

Die Römer und der Rest der Welt

1. Die Griechen 22
2. Punier und Ägypter 23
3. Die Gallier 24
4. Die Germanen 24
5. Die Britannier 25

Entdeckungsfahrten und Reisen

1. Marco Polo in China 26
2. Die Indios Südamerikas 27
3. Das Osmanische Reich 27

Abschlussquiz 28

Der Mythos und seine Wirkung

Die Entstehung der Welt

1. Die vier Weltalter 28
2. Deukalion und Pyrrha 29

Liebesabenteuer der Götter

1. Apollo und Daphne 30
2. Jupiter und Io 30
3. Pluto und Proserpina 31
4. Echo und Narcissus 32
5. Menschen als Lustobjekte der Götter 32

Liebesleid der Menschen

Pygmalion 33

Bestrafungen durch die Götter

1. Phaëthon 34
2. Latona und die lykischen Bauern 34
3. König Midas 35

Der Mythos von Roms Stammvater

1. Der Untergang Trojas 36
2. Dido und Äneas 36
3. Äneas in der Unterwelt 37

Abschlussquiz 37

Eros und Amor

Bibel

Erpresserische Liebe 38

Catull

1. Unsterbliche Liebe 38
2. Eifersüchtige Liebe 39
3. Enttäuschte Liebe 40
4. Hassliebe 41

Ovid

Pyramus und Thisbe 41

Hygin und Ovid

Betrügerische Liebe 43

Apuleius

Märchenhafte Liebe 43

Enea Silvio Piccolomini

Emanzipierte Liebe 44

Ovid

1. Liebesratgeber: Tipps für die Männer 44
2. Liebesratgeber: Tipps für die Frauen 46

Abschlussquiz 47

Rhetorik, Propaganda, Manipulation

Rhetorik: Theorie

1. Begriffsklärungen 47
2. Was ein Redner trainieren muss 48
3. Die perfekte Rede 49

Rhetorik: Praxis

1. Ciceros Reden gegen Catilina 49
2. Ciceros Bilanz als Konsul 50
3. Ciceros Philippische Reden 51
4. Piccolominis „Türkenrede" 52

Propaganda und Manipulation

1. Cäsars Commentarii 52
2. Die Propaganda des Augustus 54

Abschlussquiz 55

Witz, Spott, Ironie

Komödie

Plautus, Amphitruo 55

Anekdoten

1. Berühmte Griechen 57
2. Berühmte Römer 58
3. Römische Schlagfertigkeit 58

Epigramme

1. Catull 59
2. Martial 59

Roman

Petronius: Satyricon 61

Fabeln

1. Phädrus 62
2. Fabeln aus dem Mittelalter 64

Lateinische Comics

Geschichten in Bildern 64

Gegenwartslatein

Nuntii Latini 65

Abschlussquiz 66

Gestalten und Persönlichkeiten aus Mythologie und Geschichte

Mythos

1. Prometheus

S. 10 f.

A Die Erschaffung des Menschen

Prometheus machte (erschuf) den Menschen aus Lehm und gestaltete (formte) ihn unbeseelt und gefühllos. Minerva, die sein Werk bewunderte, versprach ihm (etwas) von den göttlichen Geschenken, was auch immer er wolle, um sein Werk zu unterstützen.

Deswegen brachte sie ihn auf ihren Schild (gesetzt) in den Himmel. Als er dort sah, dass die himmlischen Körper durch brennende Dämpfe beseelt lebten, stahl er das Feuer; er hielt es an die Brust des Menschen und machte dessen Körper beseelt.

1.
a) Prometheus
b) im Himmel
c) das Feuer

2.
a) R; b) F; c) R; d) R

B Prometheus überlistet Jupiter

Prometheus soll von Jupiter erreicht haben, dass sie [= die Menschen] einen Teil des Opfertieres ins Feuer warfen, (den anderen) Teil für (eig.: in) ihre Nahrung verbrauchten. Prometheus selbst opferte zwei Stiere. Sobald er deren Leber (eig. Pl.) auf den Altar gelegt hatte, bedeckte er das Fleisch von beiden Stieren mit der Rinderhaut. Die Knochen, die ringsum gewesen waren und die von der übrigen Haut bedeckt waren, legte er in die Mitte und gab Jupiter die Gelegenheit, sich den Teil zu nehmen, den er wollte. Jupiter, der glaubte, dass beides Stierfleisch (eig.: der Stier) war, wählte die Knochen als (eig.: für) seine Hälfte.

Nachdem Jupiter von der Tat erfahren hatte, entriss er den Menschen das Feuer, damit das Fleisch (für sie) unnütz (eig.: nicht nützlich) war, weil es nicht gekocht werden konnte. Prometheus aber, der vorhatte, den Sterblichen das Feuer zurückzugeben, soll mithilfe von Minerva zum Himmel aufgestiegen sein, und nachdem er eine Fackel an die Sonnenstrahlen hingehalten hatte, stahl er das Feuer, das er den Menschen zeigte. Aus diesem Grund schickten die zornigen Götter Leid auf die Erde (eig.: Länder), das heißt Krankheiten. Prometheus selbst aber ließ Jupiter durch Merkur mit einer eisernen Kette an den (Berg) Kaukasus für 30.000 Jahre binden (eig.: band) und führte einen Adler zu ihm hin, der dessen Leber fressen sollte.

Herkules aber, der von Eurystheus wegen der Äpfel der Hesperiden ausgeschickt worden war, kam, des Weges unkundig, zum Berg Kaukasus zu Prometheus. Nachdem ihm von diesem der Weg gezeigt worden war, tötete er den Adler, der dessen Leber fraß.

1.
HS: Ossa, …, in media collocavit
GS: quae circum fuerant
sK: reliqua pelle contecta
sK: Iovi faciens potestatem,
GS: ut, …, sumeret partem.
GS: quam vellet,

2.
mögliche Inhalte:
- Abmachung, dass die Menschen nur einen Teil opfern
- Opferung von zwei Stieren
- Teilung in Fleisch und Knochen
- Täuschung Jupiters durch Bedecken mit der Rinderhaut
- Verlust des Feuers
- Diebstahl des Feuers durch Prometheus
- Bestrafung des Prometheus durch Anketten im Kaukasusgebirge

C Die Büchse der Pandora

Jupiter, der zornig war wegen des Feuers, das durch einen Diebstahl entwendet worden war, übertrug (eig.: gab) Vulkanus die Aufgabe, dass er aus Lehm mit möglichst großer Kunstfertigkeit die Gestalt eines Mädchens gestalte (besser: … zu gestalten). Sobald dies geschehen (gemacht worden) war, forderte (eig.: ermahnte) er die einzelnen Götter und Göttinnen auf, dass jeder dieser Gestalt seine Talente (eig.: Gaben) gebe (eig.: hinzufüge). Daher scheint auch der Jungfrau der Name Pandora gegeben worden zu sein.

Diese, die mit allen Gaben der Schönheit, der Kultur, der Begabung und der Sprache überhäuft worden war, schickte (eig.: Präs.) Jupiter mit einer Büchse, die zwar sehr schön war, aber drinnen jede Art von Unheil (eig.: Pl.) verbarg, zu Prometheus. Nachdem dieser das Geschenk abgelehnt hatte, ermahnte er seinen Bruder, dass er, falls ihm in seiner Abwesenheit irgendein Geschenk geschickt werden sollte, es nicht annehmen solle. Pandora kehrte (eig.: Präs.) zurück, und nachdem sie Epimetheus überredet hatte, schenkte sie (ihm) die Büchse. Sobald er diese geöffnet hatte und er, während die Krankheiten herausflogen, die Unglücksgeschenke des Jupiter bemerkt hatte, begann er, allerdings (freilich) zu spät, den Verstand zu gebrauchen.

1.
Konj. Präs.: fingat
Konj. Impf.: adiungeret, mitteretur, reciperet
Konj. Plqpf.: aperuisset, sensisset

2.
a) sie von allen Göttern ein Geschenk erhalten hatte.
b) alle Arten von Unheil
c) Epimetheus, flogen Krankheiten hinaus

2. Herkules

S. 12 f.

A Der Göttervater als Doppelgänger

Als Amphitryon abwesend war, um Öchalia zu erobern, empfing ihn Alkmene, weil sie glaubte, dass er ihr Gatte sei, in ihrem Schlafzimmer. Als dieser das Schlafgemach betreten hatte und ihr berichtete, was er in Öchalia geleistet habe, schlief sie mit ihm im Glauben, er sei ihr Mann.

Als ihr später gemeldet wurde, dass ihr Gemahl als Sieger (= ihr siegreicher Gemahl) heimgekommen sei (eig.: da sei), kümmerte sie sich wenig darum, weil sie glaubte, dass sie ihren Gatten schon gesehen habe. Nachdem dieser den Königspalast betreten hatte und sie ziemlich unbeeindruckt sah, begann er sich zu wundern und zu klagen, dass sie ihn bei seiner Ankunft (eig.: als er ankam) nicht empfangen habe. Alkmene antwortete ihm: „Du bist schon längst gekommen, hast mit mir geschlafen und hast mir erzählt, was du in Öchalia geleistet hattest."

Als sie alle Anzeichen nannte, merkte Amphitryon, dass irgendein Gott an seiner Stelle da gewesen war. Seit diesem Tag schlief er nicht mehr mit ihr. Sie, die von Jupiter schwanger war, brachte Herkules zur Welt.

1.
a) Präfix ab- („weg") + esse („sein")
b) vincere („siegen") + Suffix -tor (Täter)
c) Präfix ad- („heran") + venire („kommen")

B Herkules tötet die Hydra

Er tötete die Hydra von Lerna, die neunköpfige Tochter des Typhon, bei der Quelle von Lerna. Sie besaß eine so große Kraft des Giftes, dass sie durch (ihr) Anhauchen Menschen tötete, und wenn jemand bei ihr vorbeiging (eigentl. Plqpf.), während sie schlief, hauchte sie dessen Füße an und er starb unter ziemlich großer Qual.

Mithilfe von Minerva (eig.: während/weil Minerva es zeigte) tötete er sie, weidete sie aus und tauchte seine Pfeile in ihre Galle; was auch immer er danach mit seinen Pfeilen verwundete (eig.: Plqpf.), entkam (daher) nicht dem Tod.

1.
a) neun
b) angehaucht und so getötet
c) Göttin Minerva

C Der Tod des Herkules

Vor Zorn kochend verletzte er ihn daher, nachdem er einen vergifteten Pfeil abgeschossen hatte; sein Blut verwandelte sich in Gift.

Nessus aber sagte sterbend (im Sterben) zu Deianira: „Fange dieses Blut für dich auf, und es wird dir als Geschenk von mir gegeben werden (eig.: Futur Exakt passiv). Denn wenn Herkules (eig.: der Geist von Herkules) sich einmal von dir abwendet, gib deinem Mann die Kleidung, die mit diesem Blut getränkt wurde! So wirst du dir seine Liebe zurückholen (eig.: zurückrufen)."

Als daher Herkules eine (gewisse) Hure liebte, schickte ihm die eifersüchtige Deianira das Kleidungsstück, das mit

jenem Blut getränkt war, und trug (ihm) durch seinen Diener Lichas auf, dass er es zur Opferstunde anziehen solle. Nachdem Herkules die Kleidung angezogen hatte, begann er auf einmal zu brennen. Dann warf er Lichas, der ihm die Kleidung gebracht hatte, ins Wasser. Sich selbst stürzte er auf dem Berg Oite in einen Scheiterhaufen und wurde so unter die Götter versetzt.

1.
a) datum (Z. 4)
b) proiecit (Z. 9)
c) viro (Z. 5)
d) revocabis (Z. 6)
2.
GS: Cum igitur Hercules quandam meretricem amaret,
HS: exosa Deianira misit ei vestem
sK: (vestem) illo veneno infectam,
sK: mandans per Licham famulum eius,
GS: ut hora sacrificii illam indueret.
3.
(Beispiel:)
Mein lieber Gemahl!

Ziehe das Gewand, das ich dir geschickt habe, auf keinen Fall an: Es würde dir den Tod bringen. Als du einst den Kentauren tödlich verwundet hattest, gab dieser mir noch den Rat, etwas von seinem Blut aufzufangen und dein Gewand damit einzustreichen, falls ich einmal an deiner Liebe zweifle. Dies tat ich nun, bemerkte aber kurz darauf, dass das Blut giftig ist. Ich hoffe, dieser Brief kommt nicht zu spät!

3. Perseus

S. 14 f.

A Göttliche Abstammung

Danaë war die Tochter des Akrisius und der Aganippe. Diese hatte die Weissagung (erhalten), dass das Kind, das sie gebären werde, Akrisius töte (besser: töten werde). Akrisius, der dies fürchtete, schloss sie in einer Steinmauer ein. Jupiter aber, der sich in einen goldenen Regen verwandelt hatte, schlief mit Danaë; aus dieser Verbindung wurde Perseus geboren. Wegen des Ehebruchs sperrte ihr Vater sie mit Perseus in eine Kiste und warf sie ins Meer.

Sie wurde auf Wunsch von Jupiter zur Insel Seriphos getrieben. Nachdem sie der Fischer Diktys gefunden hatte, sah er, nachdem er sie [= die Kiste] aufgebrochen hatte, die Frau mit ihrem Kind. Er führte sie zu König Polydektes, der sie heiratete und Perseus im Tempel der Minerva aufzog. Nachdem Akrisius aber erfahren hatte, dass sie sich bei Polydektes aufhielten, brach er auf, um sie zurückzuholen. Nachdem er dorthin gekommen war, bat Polydektes für diese um Gnade und Perseus gab seinem Großvater Akrisius das Versprechen, dass er ihn niemals töten werde.

Als dieser von einem Unwetter zurückgehalten wurde, starb Polydektes. Als sie für ihn (diesen) Leichenspiele veranstalteten, tötete Perseus ihn (= Akrisius), nachdem er einen Diskus geworfen hatte, den der Wind in Richtung von Akrisius' Kopf (eig.: zu dem Kopf des Akrisius) trug. So geschah das, was er aus seinem (eigenen) Willen (= freiwillig) nicht tun wollte, durch den Willen der Götter.

1.
a) filia (Z. 1)
b) pater (Z. 4)
c) avo (Z. 10)
2.
Reihung: 3 – 8 – 1 – 5 – 7 – 2 – 6 – 4

B Perseus und Medusa

Es gab drei Gorgonen: Sthenyo, Euryale und Medusa, die Töchter des Königs Phorkys und der Nymphe Kretis, die abwechselnd ein einziges Auge (zusammen) verwendeten. Wenn sie jemand sah, wurde er sofort durch Erstarrung in Stein verwandelt.

Weil / Obwohl Medusa wegen ihrer Schönheit von mehreren als Ehefrau begehrt (eig.: angestrebt) wurde, konnte sie Neptun nicht entkommen. Mit ihm hatte sie eine Liebesbeziehung im Tempel der Minerva. Weil sie sich wegen ihrer Prahlerei über ihre Schönheit über diese [= Minerva] stellte, wurden ihre Haare von Minerva in Schlangen verwandelt.

Nachdem Perseus von Minerva einen verspiegelten Schild erhalten hatte, damit er nicht von der Gorgo gesehen werden konnte, tötete er sie [= Medusa]. Er brachte ihr abgeschnittenes Haupt der Pallas [=Minerva], damit sie es auf der Brust trage (eig.: zum Tragen auf der Brust). Aus ihrem Unterleib aber kam das Pferd Pegasus mit Flügeln heraus. Dieses lief zum Aonischen Berg in Böotien, erschütterte mit dem Fuß die Erde und brachte die kastalische Quelle hervor, aus der angeblich die Philosophen und Dichter trinken sollen.

1.
a) caput (Z. 8)
b) pede (Z. 10)
c) exsectum (Z. 10)
2.
Der Schild diente Perseus als Spiegel, in dem sich Medusa selbst erblickte. Da sie aber alles mit ihrem Blick versteinerte, starb sie auch selbst durch diesen Anblick.

C Die Rettung Andromedas

Kassiopeia zog die Schönheit ihrer Tochter Andromeda den Nereiden vor. Deswegen forderte Neptun, dass Andromeda, die Tochter des Kepheus, einem Meerungeheuer zum Fraß vorgeworfen werde. Nachdem sie (dem Meerungeheuer) vorgeworfen worden war, soll Perseus, der mit Merkurs Flügelschuhen flog, dorthin gekommen sein und sie aus der Gefahr befreit haben. Als er sie wegführen wollte, wollte (eig. Pl.) der Vater Kepheus mit Agenor, dessen Braut sie war, Perseus heimlich töten. Nachdem jener davon erfahren hatte, zeigte er ihnen das Haupt der Gorgo und alle wurden von der menschlichen Gestalt zu Stein verwandelt. Perseus kehrte mit Andromeda in die Heimat zurück.

1.
a) Präfix ante („vor") + ponere („stellen")
b) Präfix ab- („weg") + ducere („führen")
2.
Weil Kassiopeia behauptet hatte, ihre Tochter Andromeda sei schöner als die Nereiden, verlangte Apollo, dass Andromeda einem Ungeheuer vorgeworfen werde. Doch Perseus kam, rettete sie und wollte sie mit sich führen. Als ihr Vater und ihr Verlobter ihn töten wollten, versteinerte er sie mit dem Medusenhaupt und führte Andromeda in seine Heimat.

4. Ödipus

S. 16 f.

A Wie Ödipus König von Theben wird

Laios war von Apoll vorausgesagt worden, dass er sich vor dem Tod durch die Hand seines Sohnes hüten solle. Nachdem daher seine Frau Iokaste ein Kind zur Welt gebracht hatte, befahl er, dass der Sohn ausgesetzt werde. Als Perioea, die Frau des Königs Polybos, beim Meer Kleidung wusch, hob sie den Ausgesetzten auf. Weil Polybos wusste [Abl. abs.], dass sie kinderlos waren, zogen sie ihn statt eines eigenen Sohnes auf und nannten ihn, weil er durchbohrte Füße hatte, Ödipus (= Schwellfuß).

Nachdem Ödipus in das geschlechtsreife Alter gekommen war, war er, verglichen mit den Übrigen, der Tapferste, und die Gleichaltrigen warfen ihm durch Neid (veranlasst) vor, dass er dem Polybos untergeschoben worden sei, (und zwar) deswegen, weil Polybos so gütig sei und jener so unverschämt. Ödipus merkte, dass ihm dies nicht zu Unrecht vorgeworfen wurde. Daher brach er nach Delphi auf, um sich über seine Eltern zu erkundigen.

Inzwischen wurde (dem) Laios durch (eig.: in) Vorzeichen offenbart, dass ihm der Tod von der Hand seines Sohnes bevorstehe. Als derselbe nach Delphi ging, kam ihm Ödipus entgegen. Als die Begleiter (ihm) befahlen, dem König den Weg freizugeben (eig.: dass dem König der Weg freigemacht werde), ignorierte er den König. Der König trieb die Pferde an und überfuhr mit einem Rad seinen Fuß; Ödipus zog zornig, ohne es zu wissen, seinen Vater vom Wagen und tötete ihn. Nach der Ermordung des Laios (eig.: nachdem Laios getötet worden war) besetzte (ergriff) Kreon die Königsherrschaft; inzwischen wurde die Sphinx nach Böotien geschickt, die (besser: und sie verwüstete …) die Gebiete der Thebaner verwüstete.

1.
a) sie hatte geboren
b) sie wusch
c) er war gekommen
d) er tötete
2.
filii (Z. 1/11), uxor (Z. 2/3), liberis (Z. 4), parentibus (Z. 9), patrem (Z. 14)

B Das Rätsel der Sphinx

Nachdem der König von der Sache gehört hatte, verkündete er (sie) in Griechenland: Er versprach, dass er dem, der das Rätsel der Sphinx gelöst habe, die Königsherrschaft und seine Schwester Iokaste zur Frau geben werde. Nachdem mehrere (Menschen) aus Gier nach der Herrschaft gekommen waren und von der Sphinx getötet worden waren, kam Ödipus, Sohn des Laios, und erklärte das Rätsel; jene stürzte sich in den Tod.

Ödipus erhielt die Königsherrschaft des Vaters und seine Mutter Iokaste, ohne es zu wissen, als Ehefrau, mit der er Eteokles und Polynikes, Antigone und Ismene zeugte.

1.
a) der König
b) derjenige, der das Rätsel der Sphinx gelöst hätte
c) die Sphinx
d) Iokaste

C Ödipus erkennt die schreckliche Wahrheit

Während dies in Theben geschah, ging Polybos aus Korinth weg. Nachdem Ödipus davon gehört hatte, wurde er betrübt (eig.: begann er betrübt zu sein), weil er glaubte, dass sein Vater gestorben sei. Periboea erzählte ihm über seine Unterschiebung. Ebenso erkannte der greise Menoetes, der ihn ausgesetzt hatte, durch die Narben an den Füßen und Knöcheln, dass er der Sohn des Laios war.

Nachdem Ödipus von der Sache gehört und gesehen hatte, dass er so viele frevelhafte Untaten begangen hatte, zog er aus dem Gewand der Mutter Spangen heraus, nahm sich das Augenlicht, übergab die Königsherrschaft seinen Söhnen abwechselnd für jeweils ein Jahr und floh aus Theben unter der Führung seiner Tochter Antigone (= mit Antigone als seiner Führerin).

1.
a) fecisse (Z. 5)   c) senex (Z. 3)
b) pedum (Z. 3)   d) talorum (Z. 4)

2.
GS: Oedipus … postquam vidit
sK: re audita
sK: se tot scelera nefaria fecisse
HS: ex veste matris fibulas detraxit.

3.
(Beispiel:)
Die Verbrechen, die Ödipus begangen hat, sind der Mord an seinem Vater und die Heirat seiner Mutter. Am Mord hat er auf jeden Fall Schuld, auch wenn er nicht gewusst hat, dass er seinen Vater tötete. Seine Mutter heiratete er dagegen unwissentlich. Die Strafe ist auch deswegen nötig, weil das Orakel sie verlangt und nur so die Stadt von der Pest befreit werden kann. Der Verlust des Augenlichtes ist eine schwere Strafe, doch seiner Schuld wohl (für das damalige Verständnis) angemessen.

5. Odysseus

S. 18 f.

A Odysseus als Kriegsverweigerer

Als Agamemnon und Menelaos, die Söhne des Atreus, die verbündeten Führer zur Belagerung Trojas führten (eig.: anführten, um Troja zu bestürmen), kamen sie auf die Insel Ithaka zu Odysseus, dem Sohn des Laertes. Diesem war geweissagt worden, dass er, wenn er nach Troja ginge/gehe, nach 20 Jahren alleine, nachdem er die Kameraden verloren hatte, nach Hause zurückkehren werde.

Weil er wusste, dass Gesandte zu ihm kommen würden, täuschte er deshalb Wahnsinn vor und setzte eine Filzkappe auf und spannte ein Pferd mit einem Ochsen vor den

Pflug. Als Palamedes diesen sah, merkte er, dass dieser simulierte, und warf ihm dessen Sohn Telemach, den er aus der Wiege genommen hatte (eig.: der aus der Wiege genommen worden war), vor den Pflug und sagte: „Leg deine Täuschung ab (eig.: Abl. abs.) und schließ dich den Verbündeten an (eig.: komm unter die Verbündeten)!" Da gab Odysseus das Versprechen, dass er kommen werde. Seit dieser Zeit war er dem Palamedes feindlich gesinnt.

1.
(eum) … rediturum (esse) (Z. 3 f.); oratores venturos (esse) (Z. 5); eum simulare (Z. 7); se venturum (esse) (Z. 9)
2.
GS: Quem Palamedes ut vidit
HS: sensit … atque Telemachum filium eius … aratro ei subiecit
sK: (eum) simulare
sK (filium eius) cunis sublatum
3.
a), c)

B Eine grausame List des Odysseus

Als Agamemnon mit dem Bruder Menelaos und ausgewählten Führern Griechenlands nach Troja ging, um Helena, die Frau des Menelaos, die Paris entführt hatte, zurückzuholen, hielt sie in Aulis aufgrund des Zorns (eig.: durch den Zorn) der Diana ein Sturm zurück, weil Agamemnon beim Jagen ihre Hirschkuh verletzt und gegen Diana allzu frech geredet hat(te).

Nachdem er die Weissager zusammengerufen und Kalchas geantwortet hatte, dass er sich nicht anders von der Schuld befreien könne, außer wenn er (eig.: wenn er nicht …) Iphigenia, die Tochter Agamemnons, opfere, begann Agamemnon, nachdem er das gehört hatte, sich zu widersetzen.

Da brachte ihn Odysseus durch Ratschläge auf eine gute Idee. Derselbe Odysseus wurde mit Diomedes losgeschickt, um Iphigenia herbeizuholen: Als dieser zu Klytaemnestra, deren Mutter, gekommen war, log Odysseus, dass sie Achilles zur Frau gegeben werde. Nachdem er sie nach Aulis gebracht hatte und der Vater sie opfern wollte, erbarmte sich Diana des Mädchens, hüllte sie in Nebel ein (eig.: schickte ihnen Dunkelheit/Nebel), legte statt ihr eine Hirschkuh hin, brachte Iphigenia durch Wolken ins taurische Land und machte sie dort zur Priesterin ihres Tempels.

1.
a) mit   c) nachdem
b) die   d) dieser
2.
die verhüllte Gestalt links: Kalchas
In der Mitte wird Iphigenie von Odysseus und Diomedes getragen.
rechts: Agamemnon
im Hintergrund: Diana

C Odysseus beim Windgott Äolus

Er kam zu Äolos, dem von Jupiter die Macht über die Winde gegeben worden war. Dieser nahm Odysseus freundlich in Gastfreundschaft auf und gab ihm Schläuche voller Winde als Geschenk. Aber als seine Gefährten sie erhalten hatten und untereinander aufteilen wollten, weil sie (darin) Gold und Silber vermuteten, banden sie heimlich die Schläuche auf und die Winde stürmten heraus.

Er wurde zu Äolos zurück verschlagen, von welchem er aber hinausgeworfen wurde, weil Odysseus nicht die Gunst der Götter zu haben schien (eig.: einen feindlichen Willen der Götter zu haben schien).

1.
a) folles (Z. 2)
b) socii (Z. 2)
c) numen (Z. 6)
2.
a) die Macht über die Winde
b) Schläuche voll mit Winden
c) Gold und Silber
d) die Schläuche öffneten, Winde, wieder zu Äolus zurückgetrieben

S. 20 f.

D Die Zauberin Kirke

Er entkam auf die Insel Ischia zu Kirke, der Tochter des Sol, die die Menschen durch das Verabreichen eines Tranks [Abl. abs.] in wilde Tiere verwandelte. Zu ihr schickte er Eurylochos mit 22 Gefährten, denen jene (= Kirke) das menschliche Aussehen nahm (eig.: die jene von ihrem menschlichen Aussehen verwandelte). Eurylochos, der nicht hineingegangen war, weil er sich fürchtete, floh von dort und meldete (das) Odysseus, der sich allein zu ihr begab; aber unterwegs (eig.: auf dem Weg) gab ihm Merkur ein Gegenmittel und zeigte ihm, wie er Kirke überlisten könne.

Nachdem er zu Kirke gekommen war und von ihr den Becher erhalten hatte, füllte er auf Weisung des Merkur ein Gegenmittel hinein, zückte sein Schwert und drohte, dass er sie töten werde, wenn sie ihm nicht die Gefährten zurückverwandle. Da erkannte Kirke, dass dies nicht ohne den Willen der Götter geschehen war. Nachdem sie versprochen hatte (eig.: nachdem das Versprechen gegeben worden war), dass sie nichts dergleichen begehen werde, verwandelte sie seine Gefährten daher in ihre frühere Gestalt zurück und schlief (selbst) mit demselben [= Odysseus]; von diesem (ihm) brachte sie zwei Söhne, Nausithous und Telegonus, zur Welt.

1.
HS: Itaque … socios eius ad pristinam formam restituit,
HS: ipsa cum eodem concubuit,
sK: fide data
sK: se nihil tale commissuram (esse)
GS: ex quo filios duos procreavit, Nausithoum et Telegonum.
2.
c), d), e)

E Die Sirenen

Dann kam er zu den Sirenen, die den Oberkörper einer Frau hatten, aber den Unterkörper eines Hahnes. Deren Schicksal war es, so lange zu leben, (solange) als kein (eig.: niemand) Sterblicher (= Mensch), der ihren Gesang hörte, vorübergefahren sei. Von Kirke, der Tochter des Sol, ermahnt, verstopfte Odysseus seinen Gefährten die Ohren mit Wachs und befal, dass er an den Schiffsmast gebunden werde, und so fuhr er vorbei.

1.
a) Frau, Hahnes
b) jemand, der ihren Gesang hörte, trotzdem vorbeifuhr
c) an den Mastbaum fesseln ließ, die Ohren mit Wachs verstopfte

F Skylla und Charybdis

Von da (dort) kam er zu Skylla, die den Oberkörper einer Frau und vom Unterleib abwärts den Körper eines Fisches hatte, und sechs Hunde, die aus ihr hervorwuchsen (eig.: aus ihr geboren waren); sie verzehrte sechs Gefährten des Odysseus, die aus seinem Schiff weggerissen worden waren. Er war auf die Insel Sizilien zu dem Vieh (Tier), das dem Sonnengott heilig war, gekommen. Als seine Gefährten dieses (= ein Rind) kochten, muhte es (sogar noch) im Bronzekessel.

Odysseus war von Teiresias und Kirke gewarnt worden, dieses (Vieh) nicht anzurühren. Daher verlor er dort aus diesem Grund viele Gefährten; er wurde zur Charybdis verschlagen (getrieben), die dreimal am Tag das Wasser einschlürfte und dreimal ausspie; an ihr fuhr Odysseus auf die Ermahnung des Teiresias hin vorbei.

1.
a) Skylla
b) das Vieh
c) das gekochte Vieh
d) Charybdis

G Die Heimkehr nach Ithaka

Nach 20 Jahren (eig.: dem 20. Jahr) kehrte [historisches Präsens] Odysseus, nachdem er die Gefährten verloren hatte, alleine in seine Heimat zurück und, als er von den Leuten nicht erkannt wurde und er sein Haus betreten hatte, sah er die Freier, die Penelope zur Frau haben wollten (eig.: für die Hochzeit begehrten) und die seinen Palast belagerten, und gab sich als Gast aus. Während seine eigene Amme Eurykleia ihm die Füße wusch, erkannte sie an einer Narbe, dass er (es) Odysseus war. Mithilfe Minervas tötete er später mit seinem Sohn Telemachos und zwei Sklaven die Freier mit seinen Pfeilen.

1.
a) F; b) F; c) R; d) R
2.
Et Euryclia nutrix ipsius, dum pedes ei lavat, ex cicatrice Ulixem esse cognovit. (Z. 4 f.)
3.
(Beispiel:)
Als Odysseus schon zwanzig Jahre fort war, kam eines Tages ein Fremder in den Palast und bat um Gastfreundschaft. Natürlich wurde er aufgenommen. Als ich ihm die Füße wusch, bemerkte ich jedoch eine Narbe, wie sie Odysseus gehabt hatte. Er war es wirklich und tötete mithilfe seines Sohnes all die Freier in seinem Palast.

Geschichte

1. Alexander der Große

S. 22 f.

A Der Gordische Knoten

Danach (eig.: Nach diesen Dingen) eilte er zur Stadt Gordion, die zwischen dem größeren und dem kleineren Phrygien liegt. Der Wunsch, diese Stadt zu erobern, ergriff (erfasste) ihn nicht so (sehr) wegen der Beute, sondern weil er gehört hatte, dass in dieser Stadt im Tempel des Juppiter das Joch des Gordios aufgestellt sei.

Als Alexander also nach der Eroberung der Stadt [Abl. abs.] in den Tempel des Jupiter gekommen war, suchte er das Joch des Wagens. Nachdem es ihm gezeigt worden war, deutete er, weil er die innerhalb des Knotens verborgenen Anfänge der Riemen nicht finden konnte, die Prophezeiung gewaltsamer und schlug mit dem Schwert die Riemen entzwei.

1.
a) (sie) erfasste
b) eingenommen

2.
a) Cupido eius urbis potiundae eum … cepit. (Z. 2)
b) …, quod audierat in ea urbe in templo Iovis iugum Gordii positum (esse). (Z. 3)

B Alexanders Abstammung

Dann brach er [historisches Präsens] zu Jupiter Ammon auf, um (ihn) über den Ausgang der Zukunft und über seine Abstammung zu befragen. Denn seine Mutter Olympias hatte ihrem Ehemann Philipp gestanden, dass sie Alexander nicht von ihm, sondern von einer ungeheuer großen Schlange empfangen habe.

Daher stiftete Alexander, weil er für sich eine göttliche Herkunft (eig.: den Ursprung einer Göttlichkeit) erwerben und zugleich seine Mutter von Schande befreien wollte, durch vorausgeschickte Boten die Tempelvorsteher (dazu) an, das zu sagen, was er wollte (dass ihm geantwortet werde). Die Tempelvorsteher begrüßten ihn, als er den Tempel betrat, sofort als Sohn des Ammon. Glücklich über die Adoption durch einen Gott befahl jener, dass er als Sohn dieses Vaters angesehen werde. Dann fragte er, ob er alle Mörder seines Vaters gerächt habe. Es wurde geantwortet, dass sein Vater weder getötet werden noch sterben könne.

1.
a) ex serpente (Z. 3)
b) respondetur (Z. 8)

2.
Wenn sein Vater nicht Philipp, sondern der Gott Ammon ist, kann er weder getötet werden noch sterben.

C Alexanders Tod

Während alle weinten, war er selbst nicht nur ohne Tränen, sondern (sogar) ohne irgendein Zeichen von allzu traurigem Gemüt (trauriger Stimmung), sodass er einige, die allzu betrübt waren (eig.: trauerten), tröstete und einigen (anderen) Aufträge für (an) deren Eltern gab: So unbesiegbar wie sein Herz (eig.: Geist) gegenüber dem Feind war, so

war es auch gegenüber dem Tod.

Schließlich befahl [historisches Präsens] er, dass sein Körper im Tempel des Ammon bestattet werde. Als ihn die Freunde schwächer werden sahen, fragten sie, wen er zum Erben des Reichs mache. Er antwortete: „Den Würdigsten".

1.
a) lacrimarent (Z. 1)
b) lacrimis (Z. 1)
c) tristioris (Z. 2)

2.
a) weinte
b) tröstete
c) Tempel Ammons
d) den Würdigsten

2. Das Ende der Königszeit

S. 24 f.

A Tarquinius Superbus

Tarquinius Superbus verdiente den Beinamen durch seinen Charakter (eig.: durch seine Sitten). Nachdem Servius Tullius getötet worden war, besetzte (ergriff) er auf verbrecherische Weise die Königsherrschaft. Dennoch (auch) im Krieg tapfer, besiegte er die Latiner und Sabiner; er entriss den Etruskern Suessa Pometia; er brachte durch seinen Sohn Sextus die Gabier durch das Vortäuschen eines Überlaufens (zum Feind) unter die (= seine) Herrschaft und er begründete die ersten latinischen Feiertage. Er baute (errichtete) Sitze (Sitztribünen) im Zirkus und (ebenso) die Cloaca Maxima. Als er das Kapitol (zu bauen) begann, fand er den Kopf eines Menschen, woher (besser: woraus) erkannt wurde, dass diese Stadt das Haupt (= die Hauptstadt) der Völker sein werde.

1.
Er bezwang die Latiner und Sabiner, nahm die Stadt Suessa Pometia ein und unterwarf die Gabier. Er begründete das Fest der Feriae Latinae und errichtete den Circus Maximus und die Cloaca Maxima. Er begann auf dem Kapitol Bauarbeiten (für den Tempel Jupiters).

B Tarquinius und Sibylle

Eine unbekannte alte Frau begab sich zu König Tarquinius Superbus und brachte (ihm) neun Bücher, von denen sie sagte, dass sie göttliche Weissagungen seien; sie sagte, dass sie diese verkaufen wolle. Tarquinius fragte nach dem Preis. Die Frau forderte allzu viel und einen ungeheuren Betrag; der König lachte sie aus, als ob sie aufgrund ihres Alters verrückt wäre.

Dann verbrannte jene drei von neun Bücher und fragte den König, ob er die übrigen sechs um denselben Preis kaufen wolle. Aber Tarquinius lachte darüber noch viel mehr und sagte, dass die alte Frau nun (eig.: schon) ohne Zweifel wahnsinnig sei. Die Frau verbrannte an derselben Stelle sofort drei andere (= weitere) Bücher und bat noch einmal freundlich genau darum, dass er die übrigen zu jenem selben Preis kaufen solle.

Tarquinius' Gesichtausdruck wurde schon (jetzt) ernst und sein Geist aufmerksamer (eig.: Ablativus qualitatis) (und) er erkannte, dass diese Standhaftigkeit und dieses Selbstvertrauen nicht ignoriert werden dürften; er kauft(e) die restlichen drei Bücher um einen um nichts geringeren Preis als den, der für alle (Bücher) verlangt worden war. Aber es stand fest, dass diese Frau danach nirgends (mehr) gesehen worden ist (war). Die drei Bücher wurden in ein Heiligtum gebracht und „Sibyllinische (Bücher)" genannt. Zu diesen begeben sich die Quindecimvirn, wenn die unsterblichen Götter öffentlich um Rat gefragt werden müssen.

1.
a) Präfix in- (Verneinung) + cognitus („bekannt")
b) constans („standhaft") + Suffix -ia (Eigenschaft)
c) Präfix ad- („heran") + ire („gehen")
d) Präfix in- (Verneinung) + mortalis („sterblich")
2.
b); c)

C Brutus

Weil Junius Brutus, ein Sohn der Schwester des Tarquinius Superbus (eig.: von der Schwester des Tarquinius Superbus geboren), dasselbe Schicksal befürchtete, das sein Bruder erlitten hatte (eig.: in das sein Bruder geraten war), der wegen seines Reichtums und seiner Klugheit vom Onkel getötet worden war, täuschte er Dummheit vor, wonach (= weswegen) er Brutus genannt worden ist.

Als die Söhne des Königs zum Spaß nach Delphi gingen, wurde Brutus als Begleiter mitgenommen. Sobald (dort) geweissagt worden war, dass in Rom der die höchste Macht haben werde, der als Erster die Mutter küssen würde, küsste er selbst die Erde.

Dann verbündete er sich wegen der Vergewaltigung der Lukretia mit Tricipitinus und Collatinus zum Sturz (eig.: Untergang) der Könige. Nachdem diese in die Verbannung getrieben worden waren, wurde er zum ersten Konsul gewählt und ließ seine Söhne, weil sie sich mit den Aquiliern und Vitelliern verbündeten, um die Tarquinier wieder in die Stadt aufzunehmen, mit Ruten schlagen und mit dem Beil hinrichten (eig.: und richtete seine Söhne, die…, nachdem sie mit Ruten geschlagen worden waren, hin).

1.
a) sorore (Z. 1)
b) frater (Z. 2)
c) avunculo (Z. 2)
d) matrem (Z. 6)
e) filios (Z. 8)
2.
Mögliche Inhalte:
- Brutus war der Sohn von Tarquinius' Schwester.
- Er fürchtete von seinem Onkel umgebracht zu werden.
- Daher stellte er sich dumm.
- In Delphi hörte er, dass der in Rom die Macht haben werde, der zuerst die Mutter geküsst hätte.
- Daher küsste er die Erde.
- Nach der Vergewaltigung Lukretias war er an der Verschwörung gegen das Königshaus beteiligt.
- Er wurde nach Vertreibung der Könige erster Konsul.

3. Altrömische *virtus*

S. 26 f.

A Menenius Agrippa

Menenius Agrippa, mit dem Beinamen Lanatus, war zum Führer gegen die Sabiner gewählt worden und triumphierte über diese. Und nachdem sich das Volk von den Adeligen zurückgezogen hatte, weil es die Steuern und den Militärdienst zu ertragen habe, und nicht zurückgerufen werden konnte, sagte Agrippa zu ihm (= dem Volk): „Als einmal die menschlichen Glieder sahen, dass der Magen untätig war, trennten sie sich von ihm und verweigerten ihm ihren Dienst. Als sie auf diese Weise selbst schwächer wurden, erkannten sie, dass der Magen die aufgenommenen Speisen über alle Körperteile verteilte, und sie kehrten zur Freundschaft mit ihm zurück (= versöhnten sich wieder mit ihm). So gehen Senat und Volk durch Zwietracht gleichsam wie *ein* Körper zugrunde, (aber) durch Eintracht sind sie stark."

Wegen dieser (eig.: durch diese) Geschichte kehrte das Volk zurück. Aber (eig.: dennoch) es wählte Volkstribunen, die (ihre) Freiheit gegenüber dem Hochmut des Adels verteidigen sollten. Menenius aber starb in so großer Armut, dass das Volk ihn, nachdem es Viertelasse gesammelt hatte, bestattete und der Senat (ihm) auf Staatskosten einen Platz für das Grab gewährte.

1.
a) regressus est (Z. 9)
b) concordia (Z. 8)
2.
Wesentliche Gemeinsamkeiten:
Die Unterdrückten lehnen sich gegen den bzw. die Mächtigen auf.
Ein Gleichnis von den Gliedern, die dem Magen ihren Dienst verweigern, und dabei selbst schwächer werden, wird erzählt.
Das Gleichnis wird auf den Staat bzw. das Tierreich übertragen.

Wesentlicher Unterschied:
In der Fabel wird verneint, dass das Gleichnis auf Könige übertragen werden kann.

B Marcus Curtius

Als sich aber mitten auf dem Marktplatz (eig.: im mittleren Teil des Marktplatzes) durch einen gewaltigen und plötzlich entstandenen Riss die Erde senkte und vorhergesagt worden war, dass jener nur durch diese Sache gefüllt (geschlossen) werden könne, in der (eig.: durch die) das römische Volk am mächtigsten sei, deutete Curtius, ein junger Mann von sehr vornehmer Gesinnung und Herkunft (das so), dass sich unsere Stadt (= Rom) besonders durch Mut und Waffen auszeichne. Mit militärischen Ehrenzeichen geschmückt, bestieg er das Pferd und trieb es, nachdem er ihm heftig die Sporen gegeben hatte, kopfüber in jenen Abgrund. Auf ihn warfen alle Bürger ehrenhalber eifrig Früchte und sofort nahm die Erde wieder ihre frühere Gestalt an.

1.
a) iniecerunt (Z. 8)
b) conpleri (Z. 2)
c) terra (Z. 1)
2.
a) wodurch das römische Volk am mächtigsten war.
b) die Tapferkeit
c) sich selbst in den Spalt stürzte.

C Regulus

Regulus war ein Konsul der Römer, der viele Punier im Krieg gefangen nahm und der Gefangenschaft auslieferte (= ins Gefängnis brachte). Irgendwann wurde dieser (besser: er), als er gegen diese (= die Punier) Krieg führte, (selbst) gefangen genommen und den Fesseln übergeben (= ins Gefängnis geworfen). Die Römer, die diesen sehr schätzten (eig.: nicht geringschätzten), stellten Geiseln und befreiten ihn aus der Gefangenschaft. Nachdem er in den Senat gekommen war und ihn seine Frau mit den Söhnen küssen wollten, antwortete er, dass ein Gefangener nicht von einer adeligen Person geküsst werden dürfe.

Als sie jenen hierauf für einen Geldbetrag freikaufen wollten (eig.: Plqpf.), verbot er dies energisch, indem er sagte, dass er (so) auf keine Weise dem Militär würdig dienen könne. Und so wurde er, wie Orosius sagt, auf eigenen Wunsch den Feinden zurückgegeben und ging gefesselt und nachdem seine Augenlider abgeschnitten worden waren, schlaflos (= weil er nicht mehr schlafen konnte) zugrunde.

1.
GS: Cum venisset in senatum uxorque cum filiis eum osculari vellet,
HS: respondit
sK: non debere captivum a nobili persona osculari.
2.
a) R; b) F; c) R; d) R

4. Pyrrhus

S. 28 f.

A Die Elefanten des Pyrrhus

Zur selben Zeit wurde den Tarentinern der Krieg erklärt, weil sie den Gesandten der Römer Unrecht zugefügt hätten (= angeblich zugefügt hatten). Diese riefen Pyrrhus, den König von Epirus, der seine Herkunft vom Geschlecht des Achill herleitete, gegen die Römer zu Hilfe.

Dieser kam bald nach Italien, und damals kämpften die Römer zum ersten Mal mit einem Feind jenseits des Meeres. Gegen ihn wurde der Konsul P. Valerius Laevinus (los) geschickt.

Nachdem bald ein Kampf begonnen worden war, siegte Pyrrhus, obwohl er schon floh, (dennoch) mithilfe der Elefanten, vor denen die Römer, da sie (ihnen) unbekannt waren, (sehr) erschraken. Aber die Nacht machte der Schlacht ein Ende; dennoch floh Laevinius durch die (= in der) Nacht. Pyrrhus nahm 1800 Römer gefangen und behandelte diese mit höchster Ehre, die Gefallenen begrub er. Nachdem (als) er gesehen hatte, dass diese mit zugewand-

ter Wunde (besser: Pl.) und grimmigem Gesichtsausdruck auch (noch) als Tote dalagen, soll er mit diesen Worten (eig.: mit dieser Stimme) die Hände zum Himmel erhoben haben: Er hätte der Herr der ganzen Welt sein können, wenn ihm solche Soldaten zuteil geworden wären.

Die Gesandten, die wegen des Rückkaufs der Geiseln zu Pyrrhus geschickt worden waren, wurden von diesem ehrenvoll aufgenommen. Er schickte die Gefangenen ohne (Bezahlung von) Lösegeld nach Rom. Weil Pyrrhus eine ungeheure Bewunderung für die Römer empfand (eig.: von einer ungeheuren Bewunderung für die Römer erfüllt war), schickte er einen Gesandten, der um einen Frieden zu gerechten Bedingungen bitten sollte.

Der Friede missfiel (den Römern) und Pyrrhus wurde vom Senat erwidert, dass er mit den Römern keinen Frieden haben könne, solange (eig.: wenn) er sich nicht aus Italien zurückziehen würde. Dann befahlen die Römer, dass alle Gefangenen, die Pyrrhus zurückgegeben hatte, für ehrlos gehalten wurden (werden sollten), weil sie bewaffnet gefangen genommen worden waren.

1.
a) Präfix in- (Verneinung) + ius („Recht")
b) Präfix trans- („jenseits") + marinus („Meer-")
c) admirari („bewundern") + Suffix -tio (Handlung)
d) Präfix re- („zurück") + dare („geben")
2.
a) die Tarentiner
b) Pyrrhus
c) die gefallenen Römer
3.
Pyrrhus Romanos MDCCC cepit et eos summo honore tractavit, occisos sepelivit. (Z. 8 f.)
Legati ad Pyrrhum de redimendis captivis missi ab eo honorifice suscepti sunt. (Z. 12)
Captivos sine pretio Romam misit. (Z. 13)

B Ein Pyrrhussieg

Eine wie große Zahl an Verbündeten des Pyrrhus getötet wurde, wurde (ist) nicht überliefert, besonders weil es die Gewohnheit der alten Schriftsteller ist, die Zahl der Gefallenen (eig.: Getöteten) von der Seite der Sieger (eig.: von der Seite, die gesiegt hat) nicht zu berichten, damit die Verluste des Siegers nicht den Ruhm des Sieges beflecken (schmälern).

Aber Pyrrhus bezeugte die Schrecklichkeit des Verlusts, den er in diesem Krieg erlitten hatte, seinen Göttern und Menschen, indem eine Aufschrift im Tempel des Jupiter Tarentinus anbringen ließ, auf die er dies schrieb:

> Die Männer, die vorher unbesiegt waren, bester (mächtigster) Vater des Olymp, habe ich in der Schlacht besiegt und wurde (dennoch) von denselben besiegt.

Und als er von den Verbündeten getadelt wurde, warum er sage, dass er besiegt worden sei, obwohl er ja gesiegt habe, soll er geantwortet haben: „Damit ich nicht, wenn ich wiederum auf dieselbe Weise siege, ohne irgendeinen Soldaten nach Epirus zurückkehre."

1.

a) vicerit / victum / vicisset / vicero (Z. 2/8/8/9)

b) victoriae (Z. 3)

c) victoris (Z. 3)

d) invicti (Z. 6)

2.

a) die Zahl der Getöteten den Ruhm des Sieges schmälern könnte.

b) er so viele Soldaten verloren hatte.

3.

Barça (FC Barcelona) siegte bei einem Spiel gegen den katarischen Verein Al-Sadd am 14.12.2011 zwar, sein Stürmerstar David Villa zog sich aber eine schwere Verletzung zu und fiel mehrere Monate aus.

5. Hannibal

S. 30 f.

A Hannibals Eid

Als mein Vater Hamilkar – als ich ein kleiner Bub war, nämlich nicht mehr als neun Jahre alt – als Feldherr von Karthago nach Spanien aufbrach, brachte er dem Iuppiter Optimus Maximus Opfertiere dar.

Während diese heilige Handlung vollzogen wurde, fragte er mich, ob ich mit ihm in den Krieg (eig.: ins Lager) ziehen (eig.: gehen) wolle.

Da (als) ich dies freudig gehört hatte und ihn zu bitten begonnen hatte, nicht zu zögern mich mitzunehmen, erwiderte er: „Ich werde es tun, wenn du mir das Versprechen gibst, das ich fordere."

Zugleich führte er mich an den Altar, an dem er sich vorgenommen hatte zu opfern, und nachdem er die Übrigen weggeschickt hatte, ließ er mich, während ich ihn [= den Altar] anfasste, schwören, dass ich niemals mit den Römern in Freundschaft sein (= befreundet sein) werde.

Diesen Eid, den ich meinem Vater gelobt (eig.: gegeben) hatte, habe ich bis in dieses Alter so treu gehalten (bewahrt), dass niemand zweifeln darf, dass ich auch in der übrigen Zeit die gleiche Gesinnung (Einstellung) bewahren werde (eig.: von der gleichen Gesinnung sein werde)."

1.

a) mit ihm ins Lager aufbrechen wolle.

b) niemals mit den Römern befreundet sein werde.

2.

HS: Id ego ius iurandum … usque ad hanc aetatem ita conservavi,

sK: (ius iurandum) patri datum

GS: ut nemini dubium esse debeat,

GS: quin reliquo tempore eadem mente sim futurus.

B Die Schlacht von Cannae

Als wegen der Ungeduld des Konsuls Varro – wobei (eig.: während) der andere Konsul dagegen sprach – bei einem Dorf, das Cannae heißt, in Apulien gekämpft worden war, wurden beide Konsuln von Hannibal besiegt (eig.: Präs.).

In dieser Schlacht starben 3000 Punier; ein großer Teil von Hannibals Heer wurde verwundet. Dennoch wurden in keiner Schlacht im Punischen Krieg die Römer ärger zugerichtet. Denn in dieser (Schlacht) starb der Konsul Aemilius Paulus, 20 ehemalige Konsuln oder ehemalige Prätoren (und) 30 Senatoren wurden gefangen genommen oder getötet, (ebenso) 300 adelige Männer, 40.000 Soldaten und 3500 Reiter.

In (bei) (all) diesen Katastrophen hat dennoch kein Römer (eig.: niemand von den Römern) es für würdig gehalten den Frieden zu erwähnen (eig.: eine Erwähnung des Friedens zu machen). Die Sklaven wurden, was niemals vorher geschehen war, freigelassen und zu Soldaten gemacht.

Nach dieser Schlacht schlossen sich viele Stämme Italiens, die den Römern untertan gewesen waren (eig.: gehorcht hatten), Hannibal an.

Hannibal bot den Römern an, die Gefangenen zurückzukaufen, und vom Senat wurde geantwortet, dass diese (= solche) Bürger nicht notwendig seien, die, obwohl sie bewaffnet waren, gefangen genommen werden konnten.

Jener tötete danach alle unter verschiedenen Folterungen und schickte drei Scheffel von Ringen aus Gold, die er von den Fingern (eig.: Händen) der römischen Reiter, Senatoren und Soldaten, heruntergezogen hatte, nach Karthago.

1.

a) pugna / pugnam (Z. 4/11)

b) occisi (Z. 7)

2.

a) als / nachdem

b) obwohl

3.

a) 43.830

b) ließen Sklaven frei und machten sie zu Soldaten.

c) sie solche Bürger nicht haben wollten, die in Gefangenschaft gerieten, obwohl sie bewaffnet waren.

S. 32 f.

C Nach der Schlacht von Cannae

Der Reitergeneral Maharbal glaubte, dass man keineswegs zögern (nachlassen) dürfe und sagte: „Am fünften Tag wirst du als Sieger auf dem Kapitol speisen. Folge mir! Ich werde mit der Reiterei (eig.: dem Reiter) vorangehen, damit sie [= die Römer] früher wissen, dass du gekommen bist, als du (tatsächlich) kommen wirst."

Für Hannibal schien die Lage allzu erfreulich und allzu großartig, als dass er sie sofort im Geiste erfassen (= begreifen) konnte. Daher sagte er, dass er die gute Absicht Marhabals lobe; (aber) dass um den Plan zu überprüfen, Zeit notwendig sei. Dann (sagte) Marhabal: „Die Götter gaben wahrlich nicht alles demselben. Du weißt (= verstehst) zu siegen, Hannibal, (aber) den Sieg zu nützen, weißt (= verstehst) du nicht."

1

a) praecedam (Z. 2)

b) nescis (Z. 7)

2.

a) F; b) F; c) F

Der wütend gewordenen Statthalter aber befahl, dass er mit Knüppeln geschlagen werde. Die Soldaten begannen ihn zu schlagen. Als sie ihn aber schlugen, sagte der Statthalter zu ihm: „Opfere den Göttern, Florian, und befreie dich von den Qualen!" Der heilige Florian antwortete: „Ich aber bringe nur meinem Herrn und Gott Jesus Christus ein Opfer dar." Während der heilige Mann dies aber sagte, befahl der Statthalter wiederum, dass er geschlagen werde. Während der heilige Florian aber geschlagen wurde, sang er Psalmen mit einer so freudigen Miene, als ob er in Freude oder in große Fröhlichkeit versetzt worden wäre.

Dann befahl der sehr ungerechte Statthalter, dass er zum Fluss Enns gebracht und dort von der Brücke gestürzt werde. Der heilige Florian freute sich und brach so fröhlich auf, als ob er zu einem Bad geführt würde. Nachdem sie aber zu dem Ort gekommen waren, wo sie ihn hinabwerfen mussten, banden sie ihm einen Stein um seinen Hals. Aber der heilige Florian bat die Soldaten, die ihn hielten, dass sie ihm erlaubten, zu (seinem) Herrn zu beten. Und er betete beinahe eine Stunde lang (eig.: den Zeitraum von einer Stunde). Dann kam ein (gewisser) junger Mann voll (von) Zorn und sagte zu den Soldaten: „Was steht ihr hier und führt nicht den Befehl des Statthalters aus?" Und während er das sagte, stürzte er ihn von der Brücke in den Fluss und sofort wurden dessen Augen starr.

1.
veni (Z. 1), sacrifica (Z. 1, 8), exerce (Z. 5), libera (Z. 8)
2.
sacer („heilig") + facere („machen")
3.
a) ligaverunt (Z. 16)
b) sum facturus / facitis (Z. 4/19)
c) locum (Z. 15)
d) offero (Z. 9)
e) statis (Z. 19)
f) unius (Z. 17)
4.
b) als der heilige Mann dies sagte
5.
a) Praeses dixit ad eum: „[…] Veni, sacrifica dis, sicut et ego vel commilitones tui, ut vivas nobiscum et non cum contemptoribus puniaris secundum praecepta imperatorum." (Z. 1 ff.)
b) Beatus Florianus respondit: „Hoc ego non sum facturus; (Z. 3 f.); Beatus Florianus respondit:
„Ego verum sacrificium modo offero Domino Deo meo Iesu Christo." (Z. 8 f.)
c) Beatus Florianus gaudens ita hilaris pergebat, quasi ad lavacrum duceretur. (Z. 14 f.)

2. Hl. Severin

S. 48 f.

A Severin – angesehen bei Freund und Feind

Seit dieser Zeit also, zu der (= als) dem Verzweifelten die Gesundheit wiedergegeben wurde, strömte das ganze Volk der Rugier zu dem Diener Gottes und begann (ihm) dankbaren Gehorsam zu erweisen und Hilfe für ihre Leiden zu erbitten. Auch von anderen Stämmen, zu denen das Gerücht über das so große Wunder gelangt war, wünschten viele den Soldaten Christi zu sehen. Mit dieser Ergebenheit kehrten auch vor dieser Tat einige Fremde, als sie nach Italien aufbrachen, bei ihm ein, um seinen Segen zu erhalten.

Unter diesen war auch Odoaker, der später über Italien herrschte, damals aber ein großgewachsener junger Mann in billigster Kleidung (war), angekommen. Als sich dieser, um nicht mit seinem Kopf das Dach der sehr niedrigen Kammer zu berühren, niedergebeugt hatte, erfuhr er von dem Mann Gottes, dass er ruhmreich sein (= Ruhm erlangen) werde. Er sagte zu ihm, als er sich verabschiedete: „Geh nach Italien, geh, der du nun mit den billigsten Fellen bedeckt (bist), aber bald vielen sehr viel schenken wirst!"

1.
quo (Z. 1, Relativpronomen), quas (Z. 3, Relativpronomen), Qua (Z. 4, rel. Anschluss), quos (Z. 7, rel. Anschluss), qui (Z. 7, Relativpronomen), Qui (Z. 8, rel. Anschluss), Cui (Z. 10, rel. Anschluss)
2.
Dei famulus (Z. 2), Christi miles (Z. 4), vir Dei (Z. 9)
3.
a) R; b) R; c) F; d) R

B Ein Bär als Retter in der Not

Als sie schon an ihrem Leben verzweifelten und keine Hilfe kam, sah der Führer der Begleiter im Schlaf jemanden, der in Gestalt des Gottesmannes (= Severins) (da)stand und zu ihm sagte: „Fürchtet euch nicht, brecht (dorthin) auf, wohin ihr begonnen habt (zu reisen)!"

Nachdem sie, ermutigt durch diese Erscheinung, mehr mit (im) Glauben als mit Schritten zu marschieren begonnen hatten, kam plötzlich durch göttliches Wirken ein Bär von ungeheuer großer Gestalt von der Seite, der sich zur Winterzeit in Höhlen zu verstecken pflegte, und erschien, um (ihnen) den Weg zu zeigen.

Bald macht er den gewünschten Weg frei und indem er über ungefähr 200 Meilen weder nach links noch nach rechts abwich, zeigt er (ihnen) den erwünschten Weg.

Er ging nämlich mit einem so großen Abstand vor ihnen her, dass er (ihnen) mit einer frischen Spur den Weg bahnte. Daher ging das Tier voran und ließ die Männer nicht zurück, sondern führte sie bis zu den Behausungen der Menschen.

Als dem Diener Gottes daher die, die gekommen waren, gemeldet wurden, sagte er: „Der Name Gottes sei gepriesen! Die, denen der Bär den Weg gezeigt hat, mögen hereinkommen!" Nachdem jene das gehört hatten, wunderten sie sich mit größtem Staunen, dass der Mann Gottes das berichtete, was in seiner Abwesenheit geschehen war.

1.
a) Fürchtet euch nicht! Reist weiter, wohin ihr (zu reisen) begonnen habt!
b) er ihnen mit Abstand vorausging und durch seine Spuren den Weg zeigte.
c) wusste, dass ihnen ein Bär den Weg gezeigt hatte.

3. Columban und Gallus

S. 50 f.

A Kampf gegen die Götzenverehrung

Als die Zeremonie (in) derselben Kirche durchgeführt wurde, kam eine sehr große (eig.: nicht sehr kleine) Menge unterschiedlichen Geschlechts und Alters nicht nur wegen der Berühmtheit (eig.: Ehre) der Feierlichkeit, sondern auch, um die Fremden zu sehen, von deren Ankunft sie erfahren hatten (eig.: von denen sie erfahren hatten, dass sie gekommen waren). Während sie also zur Stunde der Predigt zusammenliefen, begann Gallus auf Befehl des verehrungswürdigen Abtes dem Volk den Weg zur Wahrheit zu zeigen und sie zu ermahnen, sich dem Herrn zuzuwenden und nach Aufgabe des Aberglaubens (eig.: nachdem der A. aufgegeben war) Gott Vater, den Erschaffer von allem (eig.: aller Dinge) und seinen einzigen Sohn, in welchem das Heil, das Leben und die Auferstehung der Toten ist, anzubeten. Und er packte vor aller Augen (eig.: in Gegenwart aller) die Statuen, zertrümmerte sie mit Steinen und warf sie in den See.

Nachdem das gesehen worden war (= Nachdem sie das gesehen hatten), wandten sich einige dem Herrn zu, bekannten ihre Sünden und rühmten Gott (eig.: gaben dem Herrn Lob) für ihre Erleuchtung. Andere zogen sich, von Zorn und Wut wegen der Zertrümmerung der Statuen bewegt, wütend zurück. Der heilige Columbanus aber befahl, dass Wasser gebracht werde (= Wasser zu bringen), segnete jenes und besprengte damit die Kirche, und während sie Psalmen singend herumgingen, weihte er die Kirche.

Dann, nachdem der Name des Herrn angerufen worden war, salbte er den Altar und legte die sterblichen Überreste (= Reliquien) der heiligen Aurelia darauf und sie beendeten die Messe richtig (= nach dem Ritus). Nachdem daher alles feierlich durchgeführt worden war, kehrte das Volk mit großer Freude nach Hause zurück.

Danach blieb der heilige Columbanus mit seinen Kameraden drei Jahre dort, und nachdem dort ein Kloster errichtet worden war, bearbeiteten die einen den Garten, die anderen bauten früchtetragende Bäume (= Obstbäume) an.

1.
oratio (Z. 4), Dominus (Z. 5/9), Deum (Z. 6), peccata (Z. 9, Sünde), beatus/beatae (Z. 11/14), benedicens (Z. 12), ecclesia (Z. 13)

2.
a) … venit multitudo non minima promiscui sexus […] ad videndos peregrinos, … (Z. 1 ff.)
b) … arripiens simulacra et lapidibus in frusta comminuens, proiecit in lacum. (Z. 8)
c) His visis nonnulli conversi sunt ad Dominum (Z. 9)
d) … invocato nomine Domini … (Z. 14)

B Ein „Bärendienst"

Ein Bär stieg vom Berg herab und sammelte vorsichtig Krümel und Stückchen, die den Essenden herunterfielen. Als der Mann Gottes dies (eig.: diese Tat) sah, sagte er zu dem wilden Tier: „Ich befehle dir, Tier, im Namen des Herrn, nimm Holz und wirf es in das Feuer!" Auf seinen Befehl

brachte das Tier ein sehr großes (eig.: starkes) Holz(stück) und warf es ins Feuer. Aber der sehr gütige Mann ging zu seinem Rucksack, streckte aus einem kleinen Vorrat einen ganzen Brotlaib dem dienenden (gehorchenden) Tier entgegen und befahl dem (Tier), das (das Brot) annahm, so (= Folgendes): „Im Namen meines Herrn Jesu Christi gehe weg aus diesem Tal, und du sollst in der Weise mit uns die Berge und herumliegenden Hügel teilen, dass du hier keinen Menschen und nichts vom Vieh verletzt."

Während dies geschah, täuschte der Kirchendiener vor zu schlafen und überlegte, was der Mann, der Gott teuer war, mit dem Tier gemacht hat(te), und er stand auf und warf sich zu seinen Füßen und sagte: „Nun weiß ich, dass der Herr wirklich (wahrlich) mit dir ist, weil auch die Tiere der Einöde dir gehorchen."

1.
bestia (Z. 3/10/11), belua (Z. 4)
2.
Z. 1 bis 4: Der Bär bringt auf Gallus' Befehl Holz herbei.
Z. 4 bis 8: Gallus füttert ihn mit Brot und befiehlt ihm, nicht wieder aufzutauchen.
Z. 8 bis 11: Der Diakon erkennt, dass Gott mit Gallus ist.
3.
Bär bringt Holz; Gallus reicht ihm Brot

Österreich im Mittelalter

1. Grausiges und Lustiges

S. 52 f.

A Koloman als Opfer der Justiz

Im Jahre 1012 wurde im Grenzgebiet zwischen Bayern und Mähren ein (gewisser) Fremder mit dem Namen Koloman von den Einwohnern, als ob er ein Spion wäre (= weil er für einen Spion gehalten wurde), gefangen und unter schlimmen Foltern zum Bekennen seiner Schuld, die er nicht auf sich geladen hatte (eig.: verdiente), gezwungen. Obwohl sich jener (sehr) rechtfertigte und bekräftigte, dass er als Armer um Christi willen so herumstreife, wurde der Unschuldige an einem seit langer Zeit trockenen Baum aufgehängt. Denn sein Fleisch, das von jemandem später ein wenig eingeritzt wurde, ließ Blut ausströmen, und seine Nägel und Haare wuchsen. Auch der Baum selbst blühte und zeigte, dass dieser (Mann) ein Märtyrer Christi war. Als Markgraf Heinrich dies erfuhr, ließ er seinen Leichnam in Melk begraben.

1.
a) speculari 1 („beobachten") + Suffix -tor (Täter)
b) profiteri 2 („bekennen") + Suffix -tio (Tätigkeit)
c) in- (Verneinung) + nocens („schuldig")

B Neidhardt als Opfer eines Streiches

Es gab den Brauch der Einheimischen, dass der, der als Erster bei Frühlingsbeginn ein blühendes Veilchen gefunden hatte, den Ort mit einem Zeichen versah und das (oder: ihn) der Herzogin meldete. Dies ist freilich aus diesem Grund eingerichtet (eingeführt) worden, damit alle verheirateten und unverheirateten Mädchen und Milchgesichter von Jünglingen (= jungen Burschen) im Reigen tanzend zu diesem Ort aufbrachen, wo sie sich, nachdem die Sorgen sich ein wenig aufgelöst hatten, der Freude und dem Wein sehr ausgelassen hingeben konnten (eig.: würden).

Nachdem Neidhart also ein Veilchen gefunden hatte, bedeckte er dieses mit dem Filzhut, ging schnell in die Stadt und meldete der Herzogin, dass er das Veilchen gefunden hatte (habe). Und unverzüglich strömte eine ungeheure Menge an Männern und Frauen zu der Stelle. Nachdem inzwischen ein (gewisser) Bauer den Filzhut gefunden und den ersten Boten des Frühlings erkannt hatte, hob er die Blume auf schiss die Stelle ordentlich voll, bedeckte sie wiederum mit dem Filzhut und ging weg.

Schon war die Wiener Jugend fröhlich zugegen, schon hatten sie begonnen, um den Filzhut zu tanzen, als, nachdem die Stelle aufgedeckt worden war, anstelle des Veilchens ein Frühlingshaufen entdeckt wurde.

Es entstand gleichzeitig Gelächter und Entrüstung, alle wollten gegen Neidhart handgreiflich werden; er suchte für sich Rettung (sein Heil) in der Flucht.

Als er wenig später aufs Land ging, fand er die Dorfbewohner, die um dasselbe Veilchen tanzten, und erkannte, dass es seines war; daher tötete er, durch Empörung aufgebracht, einige von ihnen und nahm wegen des Diebstahls Rache.

Weil er (dadurch) für die Zukunft ein sehr heftiger Feind der Bauern geworden war, werden seit jener Zeit wundersame Geschichten über ihn erzählt. Man sagt (eig.: sie sagen), dass er, nachdem er einmal einige betrunken gemacht hatte, jenen die Haare nach Vorbild (eig.: Ähnlichkeit) der Mönche abgeschoren und diese durch die Donau – während die anderen Bauern am Ufer zuschauten – herumgeführt habe.

1.
HS: Id hac scilicet gratia institutum (est),
GS: ut omnes nuptae innuptaeque puellae ac glabellae iuvenum … ad locum proficiscerentur
sK: choreas ductantes,
GS: ubi … laetitiae Bacchoque effusissime indulgerent.
sK: solutis paululum curis

2.
mögliche Argumente:
- lustig: zu einem fröhlichen Fest gehören manchmal auch deftigere Scherze; die Überraschung der (adeligen) Jugend sei sehr lustig
- skandalös: der Scherz sei geschmacklos; er störe die fröhliche Stimmung des Festes

2. Klostergründungen

S. 54 f.

A Göttweig, Lambach, Admont

Der Erste, Altmann, sagte: „Jetzt sind wir arm, aber ihr sollt wissen, was noch mit (eig.: von) mir sein (= geschehen) wird, weil ich Bischof von Passau sein werde, ein Kloster vom Orden des heiligen Benedikt gründen will und dort begraben werden will."

Der andere, mit dem Namen Albero, sagte: „Und ich werde Bischof von Würzburg sein und auch ich will ein Kloster gründen nach dem Orden des heiligen Benedikt und will dort ruhen."

Der Dritte, der Gebhard genannt wurde, sagte: „Ich werde Bischof von Salzburg sein und werde ein Kloster gründen vom Orden des heiligen Benedikt. Dort wird mein Körper begraben liegen (eig.: werde ich körperlich ruhen), um am jüngsten Tag aufgeweckt zu werden."

Und so, wie sie es vorausgesagt haben, geschah es. Nachdem sie in Paris studiert hatten, wurden sie sehr gelehrte Männer und Bischöfe. Der Erste gründete Göttweig, der Zweite Lambach, der Dritte das Kloster Admont. Und jeder erhielt die Grabstätte, wie er es vorhergesagt hat(te).

Der Erste wurde, wie der heilige Benedikt vom Berg Monte Cassino, dazu bewegt, dass aus einem Ort der Verehrung der heidnischen Götzenbilder ein Ort der Verehrung Gottes wird (besser: wurde).

Der Zweite wurde durch eine (vernünftige) Überlegung veranlasst, dass von seiner Erbschaft dieser Erbteil und dieser Besitz an ihn fiel, mit welchem er das Kloster gründete.

Der Dritte aber suchte lange in seiner Diözese nach einem einsamen und abgelegenen Ort. Und nachdem er zu dem Ort gekommen war, wo das Kloster Admont gelegen ist, sagte er zu seinen Beratern: „Dieser Ort, der von allen Seiten von Bergen eingeschlossen ist, scheint mir geeignet für ein Kloster (zu sein)."

Einer, der von Kindheit an stumm war, begann zu sprechen und sagte: „Dies ist ein geeigneter Ort, beginne und du wirst es mit Gottes Hilfe (eig.: während Gott hilft / Abl. abs.) beenden!" Auf jene Worte (eig.: Stimme) und jenes Wunder hin begann er ohne Zögern zu bauen und beendete (sein Werk).

1.
episcopus (Z. 2), monasterium (Z. 3), ordo (Z.3)
2.
Z. 1–8: Zukunftsvisionen der drei Männer
Z. 9–12: Erfüllung der Visionen durch Klostergründungen
Z. 13–23: Beweggründe für jeden Einzelnen, ein Kloster zu gründen

B Klosterneuburg

Leopold und Agnes beschlossen eine Kirche für die heilige Maria zu gründen und in dieser (= in ihr) Menschen der heiligen und rechtmäßigen Religion (= die Katholiken) zu bestatten. Und als sie über den Ort für die Errichtung der Kirche nachdachten, geschah ein Wunder (eig.: wurde ein Wunder gegeben):

Wie durch göttlichen Willen hob ein Windstoß den Schleier vom Haupt der Agnes sanft auf und trug ihn fern von den Augen in eine abgelegene Gegend fort. Nach neun Jahren erblickte der Mann Gottes diesen unversehrt (eig.: unverletzt) auf einem Busch und nahm ihn unbeschädigt (eig.: den Unbeschädigten) froh mit.

Danach wurde, wie auf Befehl Gottes (Abl. abs.!), eine Kirche erbaut, die der heiligen Jungfrau Maria geweiht war, gelegen am Ufer der Donau am achten Meilenstein von

Wien (aus), und sie steht, (eig.: bleibt) mit dem Namen Klosterneuburg versehen, bis jetzt.

1.
katholische Priester anzusiedeln, Windstoß, neun, Busch, heiligen Maria
Wusstest du eigentlich …
Benediktiner (Göttweig)

3. Richard Löwenherz

S. 56 f.

A Die Vorgeschichte in Akkon

Nach Einnahme der Stadt also befahl der König der Engländer, die Triumphzeichen seines Heeres an den Türmen zu befestigen, weil er sich die Ehre (eig.: Titel) des Sieges in sehr frecher Weise zur Gänze selbst zuschrieb. Als er aus diesem Grund durch die Stadt spazierte, sah er die Fahne des Herzogs Leopold, die auf einem Turm, den er selbst mit seinen Leuten in Besitz genommen hatte, befestigt war, und er fragt(e), wem sie gehöre, da er erkannte, dass es nicht seine war.

Nachdem er die Antwort bekommen hatte, dass sie Leopold, dem Herzog der Ostbewohner (= Österreicher) gehöre, befahl er, von größter Empörung veranlasst (eig.: heftig bewegt), dass die Fahne vom Turm geworfen und mit Dreck beschmiert werde, und er beleidigte obendrein den Herzog grundlos mit Beschimpfungen (eig.: beleidigenden Worten).

1.
Nach der Einnahme der Stadt ließ der englische König die Zeichen seines Heeres an den Türmen anbringen, weil er den Ruhm des Sieges sich allein zuschrieb. Als er die Fahne des Herzogs Leopold auf einem Turm erblickte, fragte er, wem sie gehöre. Als er gehört hatte, dass es die Fahne des österreichischen Herzogs Leopold sei, ließ er sie entfernen und mit Schmutz beschmieren. Außerdem beleidigte er den Herzog auch noch mit Worten.

2.
sK: Capta igitur civitate
HS: rex Anglorum … praecipit
sK: signa triumphalia sui exercitus turribus affigi
sK: titulum victoriae ex toto sibi ipsi satis arroganter adscribens.

B Die Gefangennahme Richards in Wien

Im Jahr 1192 kam Richard, der König der Engländer, von einem Feldzug jenseits des Meeres zurück und kam, von wenigen begleitet, durch Ungarn in das Gebiet des Herzogs Leopold. In Erinnerung an die Ungerechtigkeiten, die demselben Herzog bei Akkon von ihm zugefügt worden waren, fürchtete er diesen sehr, und nachdem er das königliche Gefolge weggeschickt hatte, wollte (eig.: wünschte er) er in schlichtem Gewand unbemerkt und schnell durchziehen und kam wegen der (eig.: durch die) Notwendigkeit, ein Frühstück einzunehmen, in ein (gewisses) Wirtshaus nahe bei Wien.

Daher gab er sich selbst (eig.: durch sich) mit einer dienenden Tätigkeit Mühe, nicht erkannt zu werden (eig.: dass er nicht erkannt wurde), (und zwar) bei der Zubereitung von Fleischspeisen, und briet ein fettes Huhn, das an Holz (= an einem Holzspieß) befestigt war, indem er es mit eigener Hand drehte, wobei er seinen außergewöhnlichen (auffallenden) Ring am Finger vergaß.

Einer aus dem Gefolge des Herzogs, der, (gemeinsam) mit dem Herzog bei Akkon den König kennengelernt hatte, ging zufällig aus der Stadt hinaus und betrat das Wirtshaus, betrachtete (erblickte) den Ring und erkannte den König, und nachdem er mit (in) schnellem Lauf in die Stadt zurückgekehrt war, benachrichtigte er den Herzog, der damals zufällig zugegen (= anwesend) war, über die Anwesenheit des Königs und heiterte ihn (dadurch) sehr auf.

Nachdem sie daher unverzüglich (eig.: ohne Verzögerung) die Pferde bestiegen hatten, lief der Herzog mit einer Menge an Soldaten herbei, nahm den König, der das gebratene Fleisch in der Hand hielt, gefangen und führte ihn, der bei einer solchen Beschäftigung gefunden worden war, verlacht (= verspottet) in die Stadt, übergab ihn einer sehr strengen Überwachung und gab ihm durch eine würdige Vergeltung das, was er verdiente.

1.
Z. 1–4: Richard kehrt aus dem Heiligen Land zurück und kommt in Leopolds Gebiet.
Z. 5–9: Er kehrt verkleidet in ein Gasthaus in der Nähe von Wien ein.
Z. 10–13: Er brät dort ein Huhn.
Z. 14–17: Richard wird an seinem Ring erkannt.
Z. 18–20: Herzog Leopold wird verständigt.
Z. 21–25: Richard wird verhaftet.

Österreich von der Renaissance bis zur Neuzeit

1. Wien im 15. Jahrhundert

S. 58 f.

A Ein Loblied auf die Stadt Wien

Die Donau fließt durch viele (und) denkwürdige (= berühmte) Städte, unter welchen meiner Meinung nach keine reicher, keine bevölkerungsreicher, keine lieblicher ist als Wien, Hauptstadt der österreichischen Gemeinden (Städte) und der Gegend (= des Landes).

Die Stadt aber hat einen großen Graben, davor einen sehr hohen Wall, dann dicke und hochragende Mauern, viele Türme und Schutzmauern, die für den Krieg bereit (= gemacht) sind. Die Häuser der Bürger sind groß und verziert und von widerstandsfähiger und fester Bauweise; überall gibt es Gewölbe und weite Hallen. Diese haben aber heizbare Räume, die von ihnen „Stuben" genannt werden. Denn auf diese Weise zähmen (= reduzieren) sie die Rauheit des Winters. Die Fenster sind von allen Seiten durchsichtig und die Tore sind meistens aus Eisen. In diesen (= dort) singen sehr viele Vögel. In den Häusern gibt es viel und elegante Einrichtung. Es gibt Ställe, die groß genug für Pferde und Zugvieh jeder Art sind. Man sieht hohe und großartige Fassaden der Häuser.

1.

nulla … nulla … nulla (Z. 1 f.)

2.

a) praealtum (Z. 4), altae (Z. 11)

b) plurimae (Z. 9), multa (Z. 10)

c) domibus (Z. 10), domorum (Z. 11)

d) generis (Z. 11)

3.

Danubius – caput: Wien im Vergleich mit anderen Städten

Urbs – prompta: Befestigungsanlagen der Stadt

Aedes – visuntur: Häuser der Bürger

B Die Wiener Universität

Hier gibt es auch eine Schule (besser: Lehrstätte) der freien Künste, der Theologie und des kanonischen Rechts, die aber neu ist und von Papst Urban VI. zugelassen wurde. Eine große Zahl an Studenten aus Ungarn und Deutschland strömt hierhin zusammen.

Übrigens widmen sich die Studenten selbst dem Vergnügen, (und sind) gierig nach Wein und Essen. (Nur) wenige werden zu Gelehrten, sie werden nicht kontrolliert, streifen tags und nachts herum und verursachen den Bürgern großen Ärger.

1.

a) concessa (Z. 2)

b) nova (Z. 1)

c) vagantur (Z. 5)

d) civibus (Z. 6)

2.

a) R; b) F; c) R; d) R

C Strizzis, Gauner und Ganoven

Übrigens gibt es in einer so großen und so vornehmen Stadt viel Eigenartiges. Am Tag und in der Nacht geschehen Raufereien, (die) wie eine Schlacht (sind): bald (kämpfen) Künstler gegen Studenten, bald Beamte gegen Künstler, bald ergreifen die einen (eig.: diese) Handwerker die Waffen gegen die anderen. Selten wird eine Feier ohne Totschlag durchgeführt (= … findet … statt), häufig werden Morde begangen. Wo eine Rauferei ist, gibt es keine Leute, die die Streitenden trennen, weder Beamte noch führende Persönlichkeiten ziehen eine Wache, wie es sich gehören würde, zu so großem Unheil (eig.: Pl.) hinzu.

Beinahe alle Bürger betreiben Weinstuben, beheizen die Stuben, richten eine Küche ein, locken Trinker und Prostituierte an und bieten diesen umsonst etwas von gekochten Speisen an, damit sie mehr trinken; aber sie schenken ihnen zu wenig ein. Das Volk ist dem Bauch (der Fresssucht) ergeben (und) gefräßig; was auch immer es in der Woche mit händischer Arbeit (eig.: mit der Hand) verdient hat, das gibt es (alles) am Feiertag aus. Das Volk ist zerlumpt und ungehobelt; es gibt eine sehr große Zahl an Prostituierten. Selten ist eine Frau mit (nur) einem Mann zufrieden.

Außerdem leben sie ohne irgendein geschriebenes Gesetz; sie sagen, dass sie die alten Bräuche wahren, die sie oft nach ihrem (eigenen) Empfinden (eig.: Sinn) entweder heranziehen oder interpretieren. Das Recht ist völlig käuflich, (und) diejenigen, die können, sündigen ohne Bestrafung (= ohne Folgen).

1.

Präp. + Akk.: ad (Z. 2/6), contra (Z. 2), in (Z. 2), adversus (Z. 3)

Präp. + Abl.: in (Z. 1), absque (Z. 3)

2.

a) ars („Kunst") + facere („machen")

b) opus („Werk") + facere („machen")

c) homo („Mensch") + caedere („töten")

d) calidus („warm") + facere („machen")

3.

HS: aiunt

sK: mores se tenere vetustos,

GS: quos saepe ad suum sensum vel adducunt vel interpretantur

4.

a) ein Mord geschieht

b) die Gäste mehr trinken

c) Bestechung

2. Lateinische Inschriften

S. 60 f.

A Grabinschrift für Friedrich III. in Linz

In dieser Urne ruhen die Eingeweide des Kaisers Friedrich und das Herz, das dem heiligen Reich vorstand. Er hatte einundfünfzig Jahre das römische Reich (deutscher Nation) regiert und liebte immer die Friedenszeiten.

Er lebte 78 Jahre, einen Monat und zwei Tage.

Er starb am 24. August im Jahre des Heils 1493.

1.

51 Jahre

2.

78 Jahre, 1 Monat, 2 Tage

B Die Inschrift am Schweizertor in Wien

Ferdinandus Roman(orum)

German(iae) Hungar(iae)

Boem(iae) etc. rex infa(ns)

Hispan(iae) Archi(dux) Austr(iae)

dux Burgund(iae) etc.

Anno MDLII

1.

a) 1552

b) das Verb (z. B. fecit = „ließ errichten")

C Die Gloriette

Unter der Regierung Kaiser Josefs II. und der Kaiserin Maria Theresia im Jahre 1775 errichtet.

1.

die Schreibung von M und D

2.

Augustus bzw. Augusta

3. Innsbruck

S. 62

A Eine prächtige Stadt

Das Gedränge an Menschen und Fahrzeugen wird größer; da die Verkehrsampel grünes Licht (= Grün) anzeigt, betreten wir die Maria-Theresien-Straße, eine vornehme Straße der Stadt, die auf beiden Seiten von prächtigen Gebäuden gesäumt (eig.: umgeben) wird: Den Augen bieten sich christliche Kirchen, der Palast (die Residenz) der Herrscher des Bundeslandes Tirol, das Rathaus der Stadt (eig.: das städtische Rathaus), Wirtshäuser, Gaststuben, Kinos, Schaufenster (eig.: Fenster) von Läden, voll mit erlesensten (feinsten) ausgestellten Waren, dar.

Am Ende der Straße aber (eig.: in der entferntesten Straße) nimmt man das (mit Übereinstimmung aller) gefeierte Goldene Dachl wahr, das gleichsam für ein (gewisses) Wahrzeichen von Innsbruck gehalten wird; es ist (aber) ein (= handelt sich um einen) Mauervorsprung, der durch seine gotischen Verzierungen (eig.: Verzierungen der gotischen Kunst) berühmt ist und der mit vergoldeten Dachziegeln bedeckt ist, woher auch sein Name stammt (eig.: abgeleitet wird).

B Rauf aufs Hafelekar!

Es gibt keinen Touristen, der nicht das steile Joch, das in nördlicher Richtung über die Stadt aufragt, besteigt (erklimmt). Dieses, das von den Einwohnern „Hafelekar" genannt wird, ragt in eine Höhe von 2300 Metern über Meereshöhe hinauf.

Wir eilen daher zur Station, die am Ufer des Inns gelegen ist, wo wir, nachdem wir Karten gekauft haben, die Standseilbahn besteigen. Kurz danach kriecht sie, auf zwei Schienen („daraufgestellt"), langsam über die steile Höhe hinauf.

Auf dem Rücken des Hungerburg-Hügels, der ziemlich eben ist und durch die Stadtvillen und Gärtchen schön (anzusehen) ist, muss man die Aufstiegshilfe wechseln; denn von hier aus bis zum Gipfel verwenden die Touristen eine Seilbahn. Einige von ihnen sind nicht schwindelfrei und schreien vor Angst (eig.: von Angst bewegt), besonders wenn die Gondel, in der alle eingeschlossen sind (eig.: werden), beim Berühren der sehr hohen Stützpfeiler sehr (eig.: nicht leicht) schaukelt.

C Stärkung im Wirtshaus

Wir gehen zu einem (gewissen) alten Mann, der im Zeitungskiosk sitzt. Ich sage zu ihm: „Ich frage, Vater (= sehr geehrter Herr), wissen Sie (eig.: weißt du) vielleicht, wo es möglich (eig.: erlaubt) ist, zu einem fairen (eig.: gerechten) Preis und stilvoll (eig.: mit würdigem Prunk) Essen zu sich zu nehmen?" Darauf antwortete dieser freundlich (eig.: der Freundliche): Geht zum Goldenen Greif, der bei der Leopoldstraße ist."

Wir setzten uns daher in dem großen Gasthaus, das sauber und recht elegant war, nieder. Es war keine Speisekarte notwendig, weil wir lieber eine bürgerliche Mahlzeit zu uns nehmen (eig.: essen) wollten; denn zuerst ließen wir eine Suppe mit Tirolerknödeln bringen; der eine nahm danach Wiener Würstel und Sauerkraut, der andere Gulasch mit ungarischem Paprika. Und es fehlte nicht ein bisschen von einem sehr guten (eig.: schönen) Wein, welcher auf den rebentragenden Hügeln rund um den Kalterersee kultiviert (eig.: bereitet) wird, und ein Stamperl eines starken Kümmelgetränks (= Kümmelschnapses).

S. 63

D Das Goldene Dachl

1.

der Prunkerker selbst

2.

1671

3.

bei terrae

4.

Kriege mögen andere führen, du, glückliches Österreich, heirate!

E Anna-Säule (Maria-Theresien-Straße)

1.

Veni, vidi, vici.

2.

a) + b) Venit leo, vidit gallus, non vicit. Fugit vero, erupit, evasit uterque.

c) Fugit vero, erupit, evasit uterque.

3.

auf den Beistand des hl. Georg

S. 64

Abschlussquiz

1. a)

2. R

3. Pannonien, Norikum, Rätien

4. Pannonien

5. Pannonien

6. c)

7. R

8. Stelen

9. hic situs est („hier liegt begraben")

10. c)

11. Konstantin

12. c)

13. Severin

14. F

15. F

16. b)

17. die österreichische Fahne, den Schmutz

18. Heidentor, Limes, hl. Florian, Friedrich III.

Begegnung und Umgang mit dem Fremden

Die Römer und der Rest der Welt

1. Die Griechen

S. 66 f.

A Griechische Städte

Die Athener sind anwesend, von wo (= von denen), wie man glaubt, Menschlichkeit, wissenschaftliche Bildung, Religion, Ackerbau, Rechte (und) Gesetze entstanden und in alle Länder verteilt worden sind. Es ist überliefert, dass es wegen der Schönheit (der Stadt) sogar unter den Göttern einen Streit um den Besitz der Stadt gab. Sie ist aber so angesehen ist, dass sich der (heutzutage) beinahe schon bedeutungslose und geschwächte Name Griechenlands einzig auf den Ruhm dieser Stadt stützt.

Anwesend sind die Abgesandten aus Sparta (eig.: Spartaner); man glaubt, dass die bewährte und gerühmte Tapferkeit dieser Stadt nicht nur durch die Natur, sondern auch durch die Erziehung gestärkt wurde. Diese leben als Einzige auf der ganzen Welt schon mehr als 700 Jahre mit einzigartigen Sitten und nach nie veränderten Gesetzen. Aber ich will auch nicht dich, Massilia, übergehen (eig.: ich übergehe); ich möchte mit Recht sagen, dass die Ordnung und Würde dieser Stadt nicht nur Griechenland, sondern allen Völkern vorgezogen werden muss. Diese wird – (obwohl sie) so weit von den Siedlungen, den Sitten und der Sprache aller Griechen getrennt (ist) – so durch einen Rat der Adeligen regiert, dass alle (Menschen) ihre Einrichtungen leichter (= eher) loben als nachahmen können.

1.
Athen: Ursprung von Menschlichkeit, Bildung, Religion, Ackerbau und Recht; großes Ansehen der Stadt
Sparta: Tapferkeit, Sittenstrenge, über Jahrhunderte unveränderte Gesetze
2.
de urbis possessione („über den Besitz der Stadt", Z. 2 f.), Graeciae nomen („der Name Griechenlands", Z. 5), huius urbis laude („das Lob dieser Stadt", Z. 5)

B Spartanische Disziplin

Lykurg überredete alle zur Sparsamkeit, weil er meinte, dass die Mühe des Kriegsdienstes durch beständige Gewöhnung an Genügsamkeit leichter sein werde. Er befahl, dass einzelne Dinge nicht mit Geld, sondern durch Tauschhandel gekauft werden. Die Verwendung von Gold und Silber beseitigte er wie als (= gleichsam als) Ursache aller Verbrechen.

Er teilte die Grundstücke aller unter allen gleich auf, sodass das gleichmäßig verteilte Vermögen (eig.: Pl.) niemanden mächtiger als den anderen machte.

Er befahl, dass alle öffentlich gemeinsam speisten, damit nicht der Reichtum oder die Genusssucht von irgendjemandem im Verborgenen bliebe (eig.: sei). Den jungen Männern war nicht erlaubt, mehr als ein Kleidungsstück im ganzen Jahr zu benützen (= tragen), und auch nicht (war es erlaubt), dass irgendjemand eleganter als ein anderer vorschritt (= auftrat) oder reichlicher speiste, damit nicht die

Nachahmung zur Ausschweifung führte.

Er befahl, dass geschlechtsreife Burschen nicht auf den Hauptplatz, sondern auf das Feld (= aufs Land) geführt werden, damit sie die ersten Jahre nicht in Ausschweifung, sondern mit (eig.: in) Beschäftigung und Arbeiten verbringen. Er ordnete an, dass sie, um zu schlafen, keine Unterlage verwenden, dass sie das Leben ohne Fleischspeise verbringen und nicht früher in die Stadt zurückkommen sollten, bevor sie Männer geworden seien.

Er befahl, dass die Jungfrauen ohne Mitgift heiraten sollten, damit die Ehefrauen und nicht das Geld ausgewählt werden, und damit die Männer ihre Ehefrauen strenger im Zaum hielten, weil sie nicht von den Zügeln (= dem Zwang) der Mitgift erfasst (= gehalten) würden.

Er wollte, dass die höchste Ehre nicht den Reichen und Mächtigen gebührte, sondern den Alten, und fürwahr (= tatsächlich) hat das Alter nirgendwo auf der Welt eine geachtetere Stellung.

1.
pecunia (Z. 2/12/15), aurum (Z. 3), argentum (Z. 3), divitiae (Z. 7), luxuria (Z. 7/10/12)
2.
1. Absatz: Genügsamkeit
2. Absatz: Landverteilung
3. Absatz: Vorschriften für Mahlzeiten und Kleidung
4. Absatz: Abhärtung der Jugend
5. Absatz: Abschaffung der Mitgift
6. Absatz: Achtung des Alters

S. 68 f.

C Cato und die Philosophen

Sobald in der Stadt (= in Rom) der Ruhm der Philosophen zunahm (wuchs), beschloss Cato die Philosophen ehrenhaft aus der Stadt zu vertreiben.

Deshalb ging er in den Senat und kritisierte die Beamten, weil sie zugelassen hätten, dass die Gesandtschaft dieser Männer, die leicht (die Menschen) von jeder Sache überzeugen konnten, so lange in der Stadt unverrichteter Dinge untätig herumsaßen; er sagte, dass möglichst schnell eine Untersuchung angestellt (= durchgeführt) werden und über die Gesandtschaft entschieden werden müsse, damit die Gesandten zu ihren Schulen zurückkehrten und bei den griechischen Burschen diskutierten, die römischen jungen Männer aber, wie zuvor, die Beamten und die Gesetze hörten.

Es irren die, die glauben, dass er (= Cato) dies aus Hass auf Karneades gemacht habe. Ihm war nämlich die ganze Philosophie verhasst und er verachtete mit einem gewissen Ehrgeiz (Eifer) alle griechischen Künste und Lehren.

1.
a) facile (Z. 5), fecisse (Z. 11)
b) leges (Z. 10)
c) passi essent (Z. 5)
2.
a) R; b) F; c) R; d) F

D Die Wiege der Kultur

Bedenke, dass du in die Provinz Achaia gesandt wurdest, in jenes wahre, unverfälschte Griechenland, wo, wie man glaubt, zuerst die Bildung und die Wissenschaft und selbst der Ackerbau erfunden worden sind;

(bedenke,) dass du entsandt wurdest, um den Zustand der freien Städte in Ordnung zu bringen, das heißt: zu Menschen, die wirklich (eig.: am meisten) Menschen sind, das heißt zu Freien, die im besten Sinne (eig.: am meisten) Freie sind, die das von der Natur verliehene Recht (auf Freiheit) durch Tüchtigkeit, Leistung, Freundschaft, schließlich auch durch ein Bündnis und Religion bewahrt haben!

Achte (eig.: verehre) die göttlichen Gründer und die Namen der Götter, verehre ihren alten Ruhm und überhaupt ihr Alter, das beim Menschen ehrenwert, bei Städten heilig ist! Du mögest ihrer Vergangenheit (Geschichte) Ehre erweisen (eig.: bei dir sei Ehre für…), ihren ungeheuren Taten, auch ihren Mythen! Kränke niemanden in seiner Würde, seiner Freiheit, ja auch nicht in seiner Eitelkeit! (eig.: Nimm nichts von der Würde von irgendjemandem, nichts von der Freiheit von irgendjemandem, nichts von der Eitelkeit von irgendjemandem weg)!

Halte dir vor Augen, dass dies das Land ist, das uns Rechtssatzungen, das uns Gesetze nicht als Besiegten (= weil wir besiegt waren), sondern auf unsere Bitte hin (eig.: uns Bittenden) gegeben hat, (und) dass es Athen ist, wohin du gehst, und Sparta, das du verwaltest.

Diesen den übriggebliebenen Namen der Freiheit wegzunehmen ist hart, grausam und barbarisch. Denke daran, was jede Stadt einmal gewesen ist, aber nicht so, dass du sie verachtest, weil sie nichts mehr bedeutet (eig.: aufgehört hat dies zu sein). Hochmut sei (dir) fern und Überheblichkeit!

1.
a) senex („alt") + Suffix -tus (Zustand)
b) antiquus („alt") + Suffix -tas (Zustand)
c) Präfix ex- („hinaus") + rapere („reißen")
d) superbus („stolz") + Suffix -ia (Eigenschaft)
2.
a) ad … ad (Z. 6), Reverere … reverere (Z. 9), sit … sit … sit (Z. 11), Nihil … nihil … nihil (Z. 12 f), quae … quae (Z. 15 f.)
b) ad … ad (Z. 6), Reverere … reverere (Z. 9), sit … sit … sit (Z. 11), Nihil … nihil … nihil (Z. 12 f), quae … quae (Z. 15 f.), durum, ferum, barbarum (Z. 18)
c) durum, ferum, barbarum (Z. 18)
d) sit … sit … sit (Z. 11), Nihil … nihil … nihil (Z. 12 f), durum, ferum, barbarum (Z. 18)
3.
Mögliche Inhalte:
- Achaia als Ursprung von Menschlichkeit und Bildung
- Achtung der Religiosität
- Ruhmvolle Vergangenheit
- Griechenland als Ursprung der römischen Gesetze

2. Punier und Ägypter

S. 70 f.

A Punische Kinderopfer

Die Sache selbst fordert auf, dass zumindest ein wenig über Karthago, das 72 Jahre vor der Stadt Rom von Elissa gegründet worden sein soll, und über dessen Niederlagen und innenpolitische Übel berichtet wird.

Die Karthager hatten immer untereinander als angeborenes Übel die Zwietracht: Weil diese sie unheilvoll (eig.: unglücklich) aufhetzte, verbrachten sie weder außerhalb des Staates glückliche noch innerhalb des Staates ruhige Zeiten. Aber als sie neben (eig.: unter) den übrigen Übeln auch unter einer Seuche litten, verwendeten sie Morde als Heilmittel: Denn sie opferten Menschen wie Opfertiere und opferten die Kinder, die auch das Mitleid der Feinde hervorriefen, auf den Altären (eig.: bewegten … zu den Altären).

1.
a) homo („Mensch") + caedere („töten")
b) miser („arm") + cor („Herz")

B Eigenartige Sitten der Ägypter

Die Bewohner dieser (eig.: der) Gegenden verhalten sich ganz anders als die übrigen:

Sie betrauern die Toten, wobei sie mit Schlamm bestrichen sind; und sie glauben nicht, dass es Recht sei, diese zu verbrennen oder zu begraben, sondern sie legen sie kunstvoll (eig.: mit Kunst) einbalsamiert in die Tempel.

Sie verwenden ihre Buchstaben verdreht.

Sie kneten den Lehm zwischen (= mit) den Händen, den Brotteig mit den Fersen.

Um das öffentliche Leben und die Geschäfte kümmern sich die Frauen, um Wollarbeit und Haus (eig.: Pl.) die Männer; jene tragen (eig.: nehmen … an) Lasten auf den Schultern, diese auf den Köpfen.

Sie nehmen ihre Mahlzeiten öffentlich und außerhalb ihrer Häuser ein.

Sie verehren die Bilder von vielen Tieren und die Tiere selbst noch mehr, aber jeder (verehrt) andere Tiere, sodass es ein Kapitalverbrechen ist, einige von ihnen auch aus Unwissenheit getötet zu haben, und dass es religiöse Pflicht ist, sie, sobald sie durch Krankheit oder durch Zufall gestorben sind, zu begraben und zu betrauern.

1.
a) Forum ac negotia feminae, viri pensa ac domus curant. (Z. 6)
b) Lutum inter manus, farinam calcibus subigunt. (Z. 5); onera illae umeris, hi capitibus accipiunt. (Z. 6 f.)
c) Forum ac negotia feminae, viri pensa ac domus curant. (Z. 6); onera illae umeris, hi capitibus accipiunt. (Z. 6 f.)
d) alia alii (Z. 9)

C Ein Stier als Gott

Der Stier wird in Ägypten sogar anstelle einer (= wie eine) Gottheit verehrt; sie nennen ihn Apis. Als Kennzeichen hat er auf der rechten Seite einen glänzenden Fleck mit Spitzen wie die des zunehmenden Mondes.

Es ist nicht recht (= zulässig), dass er bestimmte Lebensjahre überschreitet, sie töten ihn, nachdem sie ihn in eine Quelle der Priester eingetaucht haben, um unter (= in der) Trauer einen anderen zu finden, den sie an dessen Stelle setzen; und bis sie diesen finden, trauern sie auch mit abrasiertem Haupt (eig.: Pl.); und dennoch wird niemals lange gesucht.

Wenn man ihn gefunden hat (eig.: der Gefundene) wird (er) von hundert Priestern nach Memphis geführt. Er besitzt zwei Tempel, die sie „Gemächer" nennen und die Orakelstellen (eig.: Zeichendeutungen) für die Völker sind: Es ist Glück verheißend, wenn (eig.: dass) er das eine betreten hat, in dem anderen prophezeit er Unheilvolles. Er gibt Privatleuten Antworten, indem er aus der Hand der Leute, die Rat suchen, Nahrung entgegennimmt (eig.: durch das Nehmen von Nahrung aus der Hand der Ratsuchenden).

In Memphis gibt es eine Stelle im Nil, die sie nach ihrer Form „Trinkschale" nennen. In allen Jahren (= jedes Jahr) tauchen sie dort an den Tagen, die sie für die Geburtstage von Apis halten, eine silberne und goldene Opferschale (in den Nil) ein. Dies sind sieben Tage, und es ist verwunderlich, dass niemand an diesen Tagen von Krokodilen angegriffen wird und dass am achten Tag die Wildheit dieses wilden Tieres wieder zurückkehrt.

1.
a) der Apis-Stier
b) die beiden Tempel
c) die Stelle am Nil

3. Die Gallier

S. 72 f.

A Die Völker Galliens

Gallien in seiner Gesamtheit ist in drei Teile (auf)geteilt. Einen davon bewohnen die Belger, einen anderen die Aquitaner und den dritten diejenigen, die in ihrer eigenen Sprache Kelten, (aber) in unserer (Sprache) Gallier genannt werden. Diese alle unterscheiden sich untereinander durch ihre Sprache, durch ihre Einrichtungen und ihre Gesetze.

Die tapfersten von diesen Völkern sind die Belger, weil sie von der Kultur und der Zivilisation des römischen Volkes am weitesten entfernt sind und weil sehr selten Kaufleute zu ihnen kommen und das einführen, was zur Verweichlichung der Menschen dient, und weil sie am nächsten zu den Germanen sind, die auf der anderen Seite des Rheines wohnen und mit denen sie ununterbrochen Krieg führen.

1.
a) animos (Z. 7)
b) tres (Z. 1)
c) unam (Z. 1)
2.
a) R; b) R; c) F; d) F

B Die Aufgaben der Druiden

Die Druiden nehmen an Kulthandlungen teil, führen öffentliche und private Opfergaben durch und legen die religiösen Lehren aus. Zu ihnen eilt eine große Zahl an jungen Männern wegen des Unterrichts und diese stehen bei ihnen in großer Ehre.

Denn sie treffen über fast alle öffentlichen und privaten Auseinandersetzungen die letzte Entscheidung, und wenn eine Untat begangen wurde, wenn ein Mord begangen wurde, wenn es über Erbschaft, über Gebiete eine Auseinandersetzung gibt, urteilen dieselben und setzen Entschädigungen und Strafen fest.

Wenn sich entweder irgendein Privatmann oder irgendein Volk nicht deren Beschlüssen fügt, schließen sie ihn (besser: sie) von den Opferhandlungen aus. Diese Strafe ist bei ihnen die schwerwiegendste.

Diese (= die Druiden) versammeln sich zu einer gewissen Jahreszeit im Gebiet der Karnuten – eine Gegend, die für die Mitte ganz Galliens gehalten wird – an einem heiligen Ort. Hierher kommen alle, die Streitfragen haben, von überall zusammen und gehorchen deren Beschlüssen und Urteilen.

1.
a) publicis privatisque (Z. 4), praemia poenasque (Z. 8)
b) + c) si … si … si (Z. 4)
d) magnoque hi sunt apud eos honore (Z. 3), si quod est commissum facinus (Z. 5.)

C Die Lehre der Druiden

Die Druiden sind es gewohnt, sich vom Krieg fernzuhalten, und sie zahlen auch keine Steuern zusammen mit den Übrigen; sie genießen (eig.: haben) Freiheit vom Kriegsdienst und Vergünstigungen in allen Bereichen.

Durch so große Vorteile veranlasst, begeben sich viele freiwillig in die Lehre (in deren Unterricht) und (besser: oder) werden von ihren Eltern und Verwandten (dorthin) geschickt. Man sagt, dass sie dort eine große Zahl von Versen auswendig lernen. Daher bleiben einige zwanzig Jahre im Unterricht. Und sie halten es nicht für richtig, dies (= ihr Wissen) den Buchstaben anzuvertrauen (= niederzuschreiben), während sie bei fast allen übrigen Angelegenheiten, in öffentlichen und in privaten Belangen griechische Buchstaben verwenden.

1.
a) miles („Soldat") + Suffix -itia (Zustand)
b) vacare („frei sein") + Suffix -io (Handlung)
c) Präfix con- („zusammen") + venire („kommen")
d) Präfix per- (Verstärkung) + manere („bleiben")

4. Die Germanen

S. 74 f.

A Ein echtes Naturvolk

Denn sie haben weder Druiden, welche die Kulthandlungen leiten, noch betreiben sie eifrig Opferhandlungen. Zu den Göttern zählen sie einzig diese, die sie sehen und von deren Hilfe sie offensichtlich unterstützt werden: Sol und Vulcanus und Luna; die übrigen haben sie nicht einmal dem Namen nach kennengelernt (= kennen sie nicht einmal …).

Das ganze Leben besteht aus Jagen und kriegerischem Eifer. Von frühester Jugend an bemühen sie sich um (= streben sie nach) Leidensfähigkeit (eig.: Arbeit) und Abhärtung. Diejenigen, die am längsten keusch geblieben sind, ernten das größte Lob unter den Ihren (= ihren Leuten).

Sie glauben, dass dadurch einerseits ihre Gestalt, andererseits ihre Kräfte gefördert und die Muskeln gestärkt werden.

Sie zählen es aber zu den schlimmsten Dingen, vor dem 20. Lebensjahr Umgang mit einer Frau gehabt zu haben. Dafür gibt es keine Geheimhaltung, weil sie sowohl gemeinschaftlich in den Flüssen baden als auch Felle und kleine Bedeckungen aus Pelz benutzen, während der Großteil des Körpers nackt bleibt.

Sie bemühen sich nicht um Ackerbau, der größere Teil ihrer Nahrung besteht aus Milch, Käse und Fleisch. Und niemand besitzt ein bestimmtes Maß an Land oder eigene Gebiete; sondern die Beamten und Fürsten (Anführer) teilen Jahr für Jahr den Stämmen und Sippen von Leuten, die sich zusammengeschlossen haben, zu, wieviel an Ackerland (und) an welchem Ort (ihnen) richtig erschien, und zwingen sie im Jahr darauf, an einen anderen Ort zu gehen.

Dafür (eig.: für diese Sache) führen sie viele Ursachen an:

- damit die Leute nicht durch lang andauernde Gewohnheit (erfasst) die Lust, Krieg zu führen, mit dem Ackerbau vertauschen;

- damit sie nicht danach trachten, sich ausgedehnten Landbesitz zu erwerben, und die Mächtigeren die Schwächeren nicht aus ihren Besitzungen verdrängen;

- damit sie nicht, um Kälte und Hitze zu vermeiden, (ihre Wohnungen) sorgfältiger (allzu sorgfältig) bauen.

1.
a) Präfix con- (Verstärkung) + firmare („stärken")
b) notus („bekannt") + Suffix -itia (Zustand)
c) tegere („bedecken") + Suffix -mentum (Mittel)
d) possidere („besitzen") + Suffix -io (Handlung)

2.
a) sacrum („heilig") + facere („machen")
b) ager („Acker") + colere („bebauen")
c) aedes („Gebäude") + facere („machen")

3.
(Germani) – acceperunt: Die Religion
Vita – nuda: Abhärtung ab der frühen Jugend
Agricultura – aedificent: Gerechte Landverteilung

B Krieg und Frieden

Für die Stämme ist es der höchste Ruhm, möglichst weit um sich herum nach Verwüstung des Gebietes (der Gebiete) Einöden zu haben. Dies halten sie für ein typisches Merkmal der Tapferkeit; zugleich glauben sie, dass sie dadurch sicherer sein werden, nachdem (wenn) die Furcht vor einem plötzlichen Angriff beseitigt worden ist.

Wenn ein Stamm entweder sich gegen einen (seinem Land) erklärten (Krieg) zur Wehr setzt (eig.: verteidigt) oder (selbst) einen Krieg erklärt, werden Beamte gewählt, die diesen Krieg leiten (sollen), damit sie Gewalt über Leben und Tod haben. Im Frieden gibt es keinen gemeinsamen Beamten, sondern die Führer der Gebiete und Bezirke sprechen unter ihren Leuten Recht und schränken die Streitigkeiten ein.

Raubzüge, die außerhalb des Gebietes eines jeden Stammes unternommen werden, haben keinen schlechten Ruf, und sie loben, dass diese gemacht werden (= geschehen), um die Jugend zu trainieren und deren Faulheit einzuschränken.

Einen Gastfreund zu verletzen halten sie für ein großes Unrecht; die, die aus irgendeinem Grund (eig.: aus welchem Grund auch immer) zu ihnen gekommen sind, beschützen sie vor Unrecht, halten sie für unverletzlich, und diesen (Menschen) stehen die Häuser aller offen und (mit ihnen) wird Nahrung geteilt.

1.
a) infert (Z. 4)
b) pace (Z. 5)
c) necisque (Z. 5)
2.
a) R; b) R; c) F; d) R

Die Römer in Deutschland
a) Mainz
b) Köln
c) Trier
d) Regensburg

5. Die Britannier

S. 76 f.

A Land und Leute

Die Bevölkerung (eig.: Menge der Menschen) ist ungeheuer groß und die sehr zahlreichen Gebäude sind fast den gallischen sehr ähnlich, es gibt eine riesige Menge an Vieh. Sie verwenden entweder Bronze oder eine goldene Münze oder Stäbchen aus Eisen, die nach einem bestimmten Gewicht geeicht sind, anstelle einer Münze (= als Geld). Dort kommt im Binnenland (eig.: in den inneren Gebieten) Zinn, an der Küste Eisen vor, aber davon gibt es nur eine kleine Menge; sie verwenden eingeführtes Erz.

Es gibt hier Holz von jeder Art wie in Gallien, außer Buche und Tanne. Einen Hasen, eine Henne oder eine Gans zu essen halten sie für Unrecht; doch sie züchten diese Tiere aus Liebhaberei und zum Vergnügen. Die Gegend ist milder als in Gallien, (und) mit weniger strenger Kälte.

1.
a) Präfix in- (Verneinung) + finire („begrenzen")
b) multi („viele") + Suffix -tudo (Eigenschaft)
c) Präfix con- (Verstärkung) + similis („ähnlich")
d) Präfix in- („hinein") + portare („tragen")

B Die Sitten der Britannier

Unter all diesen Einwohnern sind die, die Kent bewohnen, die bei Weitem zivilisiertesten. Diese Landschaft ist als ganze (= zur Gänze) am Meer gelegen, und sie (= die Bewohner) unterscheiden sich nicht viel von der gallischen Lebensweise. Die meisten Bewohner des Landesinneren säen kein Getreide, sondern leben von Milch und Fleisch und sind mit Fellen bekleidet.

Alle Britannier hingegen färben sich mit Färberwaid, der eine meerblaue Farbe bewirkt, und dadurch sind sie in der Schlacht umso furchtbarer anzusehen; sie tragen lange Haare (eig.: sind mit / von langen Haaren) und (doch) ist außer Kopf und Oberlippe jeder Teil ihres Körpers (ab)geschoren.

Je zehn oder zwölf (Männer) haben untereinander (= miteinander) gemeinsame Frauen, meistens Brüder mit Brüdern (und) Väter mit Söhnen (eig.: Kindern). Aber die Kinder (eig.: wenn irgendwelche von ihnen geboren wurden) werden für die Kinder derer gehalten, denen jede Jungfrau zuerst als Ehefrau zugeführt worden ist.

1.
a) differunt (Z. 2)
b) lacte (Z. 3)
c) efficit (Z. 4)
d) inficiunt (Z. 4)
e) rasa (Z. 6)
f) serunt (Z. 3)
2.
a) R; b) R; c) R; f) F

C Die Romanisierung Britanniens

Damit sich die verstreut wohnenden und rohen und daher zu Kriegen geneigten Menschen durch die Annehmlichkeiten an Ruhe und Muße gewöhnten, ermunterte er sie persönlich (und) unterstützte sie auf Staatskosten (eig.: öffentlich) zum Bau von Tempeln, Foren und Häusern (eig.: dass sie … bauten), indem er die Willigen lobte und die Untätigen tadelte (eig.: durch das Loben … und Tadeln). So herrschte ein Wettstreit um Ehre anstelle von Zwang.

Außerdem (eig.: aber schon / jetzt) ließ er die Söhne der führenden Männer in den freien Künsten unterrichten und zog das geistige Talent der Britannier dem Fleiß der Gallier vor, sodass diejenigen, die soeben noch die römische Sprache ablehnten, bald (deren) Redekunst begehrten.

Von da (an) stand auch unsere Kleidung in Ehre und die Toga war oft (zu sehen); allmählich ging man über zu den Verführungen der Laster: zu Säulenhallen, Bädern und der Feinheit von Gastmählern. Und dies wurde bei den Unwissenden „Zivilisation" genannt, während (obwohl) es (in Wahrheit) ein Teil der Sklaverei war.

1.
a) publice (Z. 3)
b) castigando (Z. 4)
c) concupiscerent (Z. 8)
2.
a) templa, fora, domos (Z. 3)
b) porticus et balinea et conviviorum elegantiam (Z. 10 f.)
3.
a) durch Loben
b) obwohl

Entdeckungsfahrten und Reisen

1. Marco Polo in China

S. 78 f.

A Die Stadt Quinsai (Hángzhōu) – das chinesische Venedig

Quinsai ist so groß, dass man vermutet, dass es auf der Welt keine größere Stadt gibt. Der Umfang dieser Stadt beträgt ungefähr hundert Meilen; sie hat in der Tat 12.000 Brücken aus Stein, und diese sind so hoch (eig.: und so hohe), dass große Schiffe mit aufgestelltem Mastbaum durchfahren können. Das Fundament der Stadt aber liegt (eig.: ist) auf einem sumpfigen Boden (eig.: Stelle), fast wie (in) Venedig; daher würde man nicht von einem Stadtteil in (einen anderen) Stadtteil gelangen, wenn sie keine Brücken hätte.

In dieser Stadt Quinsai gibt es sehr schöne und sehr geschmackvolle Häuser. Ihre Bürger verehren Götzenbilder; sie essen das Fleisch von Pferden, Hunden und anderen unreinen Tieren. Alle Plätze der Stadt sind mit Steinen gepflastert; daher kommt (eig.: geschieht) es, dass sie sehr sauber ist. Man findet in ihr auch ungefähr dreitausend Thermen, die die Menschen benutzen, um ihre Körper zu waschen. Denn jenes Volk bemüht sich ganz besonders darum, am Körper sauber zu sein.

Man vermutet, dass es 600.000 Familien in (der Stadt) Quinsai gibt. In dieser Stadt und in der ganzen Region gibt es auch die Gewohnheit, dass jedes Familienoberhaupt über die Tür seines Hauses seinen Namen und die Namen seiner Frau und seiner ganzen Familie schreibt, aber auch die Anzahl seiner Pferde. Auf diese Weise kann man ohne große Schwierigkeit die Anzahl an Menschen dieser Stadt in Erfahrung bringen (eig.: wissen).

1.
putetur (Z.1, „man vermutet"), possint (Z.4, „sie können"), careret (Z.5, „es hätte nicht"), posset (Z.5, „es könnte")
2.
a) Präfix in- (Verneinung) + mundus („rein")
b) consuetus („gewohnt") + Suffix -tudo (Zustand)
c) difficilis („schwierig") + Suffix -tas (Zustand)
3.
b) e) f)

B Das chinesische Geld

Das Geld des Großkhans wird nicht aus Gold oder Silber oder einem anderen Metall angefertigt, sondern sie nehmen die innere Rinde eines Maulbeerbaumes, trocknen diese, schneiden sie in verschiedene (und) runde Teilchen, sowohl große als auch kleine, und drucken das Königszeichen darauf.

In (der Stadt) Peking befiehlt der Herrscher daher, dass aus diesem Material eine ungeheuer große Menge an Geld geprägt wird, die für sein ganzes Reich genügt; und in allen Königreichen und (all) seinen Ländern ist es unter Todesstrafe keinem (= niemandem) erlaubt, anderes Geld zu prägen oder auch auszuzahlen oder jenes zurückzuweisen.

Manchmal befiehlt der Herrscher auch denen, die sich in Peking aufhalten, dass diejenigen, die Gold (oder) Silber oder wertvolle Steine haben, diese sehr schnell seinen Beamten übergeben und (dafür) von jenen das gewohnte Geld entsprechend dem Wert jener (Edelmetalle) erhalten. Auf diese Weise geschieht es, dass Händler und Bürger ohne Verlust bleiben und nichtsdestotrotz der König alles Gold und Silber zusammenkratzt und einen sehr großen Schatz anhäuft.

1.
a) terris (Z. 7)
b) particulas (Z. 3)
c) recipiant (Z. 12)
d) scindunt (Z. 3)
e) tradant (Z. 11)

2.

a) der Bast des Maulbeerbaums

b) das Geld des Großkhans

c) Gold, Silber und Edelsteine

d) die Beamten des Großkhans

3.

HS: Mandat quoque nonnumquam Imperator his

GS: qui in Cambalu morantur

GS: ut (ii) … ea quantocius officialibus suis tradant

GS: qui aurum vel argentum aut lapides preciosos habent

4.

a) wird gemacht

b) dass

5.

Bast, Cambalu (Peking), zu prägen oder auszugeben, abzulehnen, umgetauscht werden

2. Die Indios Südamerikas

S. 80 f.

A Ohrlöcher – schon bei den Indios in Mode

Alle, beiderlei Geschlechts, laufen nackt herum und bedecken keinen Teil ihres Körpers; und wie sie aus dem Bauch der Mutter kommen, so gehen sie bis zum Tode. Sie haben nämlich große, gut gebaute, und zur Röte neigende (eig.: von der Farbe her zur Röte neigende) Körper. Ich glaube, dies geschieht ihnen (= wird ihnen zuteil), weil sie nackt einhergehen und von der Sonne gefärbt werden.

Sie haben dichtes und schwarzes Haar. Sie sind beim Gehen und bei Spielen flink und haben ein anmutiges Gesicht. Dennoch verunstalten sie sich dieses selbst. Sie durchbohren sich nämlich die Wangen, die Lippen, die Nasenlöcher und die Ohren.

Und du sollst nicht glauben, dass jene Löcher klein sind oder dass sie nur eines haben. Ich sah nämlich einige, die in einem einzigen Gesicht sieben Löcher hatten. Sie verstopfen sich diese Löcher mit blauen, marmornen, durchsichtigen Steinen und mit sehr hellen Knochen. Und diesen Brauch haben nur die Männer. Denn die Frauen durchbohren sich nicht das Gesicht, sondern nur die Ohren.

1.

venter (Z. 2), facies (Z. 6/9/12), gena (Z. 6), labrum (Z. 6), nares (Z. 7), auris (Z. 7)

2.

a) dieses

b) du sollst glauben

3.

a) F; b) R; c) R; d) R; e) F

B Die Indios als Kannibalen

Sie haben keinen Tempel und halten sich an kein Gesetz, und sie sind keine Götzenverehrer. Was soll ich noch mehr sagen? Sie leben im Einklang mit der Natur (eig.: nach der Natur). Es gibt unter ihnen weder Kaufleute noch Warenaustausch.

Die Stämme führen gegeneinander Krieg ohne Technik, ohne Taktik (eig.: Ordnung). Die Älteren stacheln die Jungen in ihren Reden zu Kriegen auf, in denen sie sich gegen-

seitig grausam töten. Und jene, die sie gefangen aus dem Krieg (nach Hause) führen, behalten sie wegen ihrer Nahrung zum Töten (zur Tötung) auf; denn die einen essen die anderen und die Sieger die Besiegten; und unter den Fleischsorten ist für sie das Menschenfleisch in Speisen überall üblich.

Es wurde schon beobachtet, dass ein Vater seine Söhne und seine Frau gegessen hat; und ich kenne einen Mann, der von mehr als dreihundert menschlichen Körpern gegessen haben soll. Und ebenso blieb ich 27 Tage in einer gewissen Stadt, wo ich in Häusern an Dachbalken aufgehängtes gesalzenes Menschenfleisch sah, wie es bei uns Brauch ist, Speck und Schweinefleisch aufzuhängen. Ich sage noch mehr: Sie ihrerseits wundern sich, warum wir nicht unsere Feinde aufessen und nicht ihr Fleisch für (eig.: in) Speisen verwenden; sie sagen, dass dieses das schmackhafteste sei.

Ihre Waffen sind Pfeile und Bogen; und wenn sie in den Krieg (eig.: Pl.) ziehen, bedecken sie keinen Körperteil, um sich zu schützen: so sehr sind sie auch darin den Tieren ähnlich. Wir versuchten, soweit wir konnten, diese abzuraten und sie von diesen verkehrten Sitten abzubringen; und sie versprachen uns, dass sie diese aufgeben würden.

1.

seniores – iuvenes (Z. 4 und 5), victores – victos (Z. 7)

2.

nullam – partem (Z. 16 f.)

3.

HS: Et item steti viginti septem dies in urbe quadam

GS: ubi vidi per domos humanam carnem salsam

sK: (humanam carnem salsam) contignationibus suspensam;

GS: uti apud nos moris est lardum suspendere et carnem suillam

4.

a) älteren Männern

b) zum (späteren) Töten aufgespart

c) eingesalzenes Menschenfleisch hängen

d) keinen Teil ihres Körpers

3. Das Osmanische Reich

S. 82 f.

A Die Hagia Sophia

Inzwischen, während man auf eine Antwort wartete, gab es durch die Muße die Gelegenheit, die Stadt Konstantinopel anzuschauen. Es gefiel (mir) besonders, zur Kirche der Heiligen Sophia (= zur Hagia Sophia) zu gehen.

Dennoch bin ich nur durch (eig.: nicht ohne) eine einzigartige Wohltat (Gefälligkeit) eingelassen worden: Die Türken glauben, dass ihre Kirchen entweiht werden, wenn irgendein Christ sie betritt. Sie ist ein großartiges Bauwerk und würdig, gesehen (besucht) zu werden – mit einem sehr großen Gewölbe bzw. (eig.: oder) einer Halbkugel in der Mitte, die nur von der Regenöffnung Licht hat. Nach der Bauweise (eig.: Gestalt) dieser Kirche sind fast alle Kirchen der Türken erbaut.

1.
a) in Ruhe
b) die
2.
Busbecq hatte Gelegenheit, Konstantinopel zu besichtigen. Dabei gefiel ihm besonders die Hagia Sophia, in die er beinahe nicht hineingekommen wäre, da sie als Moschee für Christen nicht zugänglich war. Er beschreibt das Bauwerk als prächtig und sehenswert, besonders wegen der großen Kuppel. Fast alle Moscheen seien so ähnlich gebaut.

B Der Schleier als Schutz vor den Männern

Die Türken kümmern sich mehr als jedes andere Volk um das schamhafte Betragen (die Keuschheit) ihrer Frauen. Daher halten sie diese zu Hause eingeschlossen (zurück) und verbergen sie, sodass sie kaum (einmal) die Sonne sehen. Wenn aber die Notwendigkeit diese in die Öffentlichkeit hinausruft, schicken sie diese so mit Tüchern umwickelt hinaus, dass es für die Entgegenkommenden den Anschein hat, sie seien echte Gespenster.

Die Frauen selbst haben freilich die Möglichkeit, durch ihren Umhang die Männer zu sehen, aber den Männern steht kein Teil ihres Körpers zum Anblick offen. Es gibt bei ihnen nämlich die weit verbreitete Meinung, dass keine Frau, die die Schönheit oder das Alter empfiehlt (= attraktiv macht, besser: Pl.), von einem Mann ohne sexuelle Begierde und ohne Befleckung des Geistes angeschaut werden könne. Deswegen halten sie alle versteckt.

1.
a) kaum das Sonnenlicht sehen
b) verhüllen sie sich mit Stoffen
c) hübsch oder jung; sexuelle Begierde

C Frauen und Nebenfrauen

Kein Gesetz verbietet den Türken, zu ihren rechtmäßigen Gattinnen so viele Nebenfrauen zu haben (eig.: zu sich zu nehmen), wie sie wollen. Und es gibt keinen Unterschied (in) der Ehre zwischen den Kindern von diesen und jenen, und sie werden nach dem gleichen Recht behandelt. Entweder aber kaufen sie sich diese Nebenfrauen oder sie erwerben sie im Krieg. Sobald sie genug von ihnen haben, hindert (sie) nichts daran, sie auf das Forum zu führen und

zu verkaufen (eig.: dass sie die auf das Forum geführten verkaufen).

Die rechtmäßige Gattin unterscheidet sich von einer Nebenfrau nur durch die Mitgift. Für Sklavinnen gibt es keine Mitgift. Nachdem die Mitgift festgesetzt ist, haben sie wie Mütter der Familie (= weibliche Familienoberhäupter) Macht über die übrigen Frauen und über die ganze Familie (eig.: das ganze Haus) des Ehemanns, aber dennoch so, dass der Ehemann die Möglichkeit hat zu wählen (eig.: dass es die Wahl des Mannes ist), mit welcher Frau er in der Nacht schläft. Sobald er das seiner Gattin verkündet hat, befiehlt jene einer Magd, dass sie zu ihm gehen soll, um mit ihm zu schlafen, und diese gehorcht. Eine Nacht pro Woche, die Nacht des Freitags, (der) bei ihnen ein Feiertag (ist), wird für die Frau reserviert. Die übrigen Nächte bleiben seiner Wahl überlassen.

Scheidungen unter ihnen sind aus mehreren Gründen möglich (eig.: geschehen), welche sich die Männer leicht ausdenken können. Die Frauen trennen sich schwieriger von ihren Männern (können sich schwieriger … trennen).

1.
a) uxor (Z. 1/5/8/9)
b) liberi (Z. 2)
c) mater (familias) (Z. 6)
d) maritus (Z. 6/7)
3.
a) die Nebenfrauen
b) die Türken
c) die Gründe für eine Scheidung
4.
a) F; b) R; c) R; d) F

S. 84

Abschlussquiz

1. c)	11. d)
2. R	12. Hadrianswall
3. Cato	13. R
4. Zwölftafelgesetz	14. b)
5. b)	15. a)
6. c)	16. Konstantinopel, Byzanz
7. Kelten	17. d)
8. b)	18. Akropolis in Athen,
9. F	Hagia Sophia in Istanbul,
10. c)	Pyramide in Rom

Der Mythos und seine Wirkung

Die Entstehung der Welt

1. Die vier Weltalter

S. 88 f.

A Das Goldene Zeitalter

Zuerst entstand das Goldene Zeitalter, das ohne strafenden Richter von sich aus ohne Gesetz, Treue und Recht pflegte. Strafe(n) und Furcht gab es keine, weder las man drohende Worte auf aufgestellten Bronzetafeln, noch fürchtete eine

flehende Menge die Worte (eig.: das Gesicht) ihres Richters, sondern sie waren ohne Richter sicher.

Noch nicht war die gefällte Fichte, um die fremde Welt aufzusuchen, von ihren Bergen ins flüssige Nass (eig.: in die flüssigen Wellen) des Meeres hinabgestiegen, und die Menschen kannten keine Küsten außer ihre eigenen. Noch nicht waren Städte von steilen Gräben umgeben; es gab keine Trompete aus gerader und kein Horn aus gebogener Bronze, es gab keine Helme, es gab kein Schwert: Ohne Soldaten zu brauchen (eig.: ohne den Gebrauch eines Soldaten) verbrachten die Völker behagliche Ruhe in Sicherheit.

Es herrschte ewiger Frühling, und der sanfte Westwind streichelte mit seinen lauen Lüften die ohne Samen geborenen Blumen.

B Das Silberne Zeitalter

Jupiter verkürzte (eig.: zog zusammen) die Zeit(en) des alten Frühlings und teilte das Jahr durch Winter, Hitzeperioden und unbeständige Herbste und einen kurzen Frühling in vier Abschnitte.
Damals betraten sie zum ersten Mal Behausungen; Behausungen waren Höhlen und dichte Büsche und auch mit Bast verbundene Zweige. Damals wurden zum ersten Mal Getreidesamen in langen Furchen vergraben, und vom Joch gedrückt stöhnten die Jungstiere.

A – B
1.
a) Die Burgen im Hintergrund kann es im Goldenen Zeitalter nicht gegeben haben, da die Menschen damals noch keine Behausungen brauchten.
b) Auch die Tiere leben mit den Menschen und untereinander in Frieden.

C Das Bronzene und das Eiserne Zeitalter

Als drittes folgte nach jenem das bronzene Geschlecht nach, wilder von seinem Charakter her und eher geneigt zu schrecklichen Waffen, dennoch nicht verbrecherisch. Von hartem Eisen ist das letzte Geschlecht.
Sofort drang in das Zeitalter des schlechteren Metalls jeder Frevel ein: Scham, Wahrheitsliebe und Treue flohen. An ihrer (= deren) Stelle (folgten) Betrug, List, Hinterhalt, Gewalt und verbrecherische Habgier.
Der Seemann setzte (eig.: gab) den Winden Segel (er hatte jene bisher noch nicht genau (eig.: gut) kennengelernt), und die Kiele, die zuvor auf hohen Bergen gestanden waren, tanzten auf unbekannten Wogen.
Und schon waren das schädliche Eisen und das Gold, noch schädlicher als das Eisen, aufgetreten: Der Krieg tritt auf, der mit beiden kämpft, und mit blutiger Hand schüttelt er die klirrenden Waffen.

A – C
1.
a) Gesetze; Richter; Seefahrt, Stadtmauern, Kriege
b) Behausungen, Landwirtschaft
c) Verbrechen
d) Betrug; Hinterhalt; Habgier; See- / Schiff-; Krieg
2.
a) Alliteration: sponte sua sine (V. 2), turba timebat (V. 4); Anapher: Nondum … Nondum (V. 6/9), non … non … non … non (V. 10 f.)
b) Polysyndeton: pudor verumque fidesque (V. 5), fraudesque dolusque insidiaeque et vis et amor sceleratus habendi (V. 6 f.); Alliteration: crepitantia concutit (V. 13); Polyptoton: ferrum ferroque (V. 11)

S. 90 f.

A Die große Flut

Und schon hatten Meer und Land keinen Unterschied: Alles war Meer, es fehlten dem Meer sogar die Küsten. Der eine erklimmt (eig.: besetzt) einen Hügel, ein anderer sitzt in einem gebogenen Boot und lenkt dort die Ruder, wo er neulich (noch) pflügte: Jener segelt über die Saatfelder oder die Dächer eines versunkenen Landhauses hin, dieser fängt einen Fisch im Wipfel einer Ulme. Der Anker wird, wenn es der Zufall so wollte, in einer grünen Wiese befestigt, oder die gekrümmten Kiele streifen an den darunterliegenden Weingärten. Und wo soeben noch schlanke Ziegen das Gras fraßen, dort betten nun unförmige Robben ihre Leiber hin. Unter dem Wasser bestaunen die Nereiden Haine, Städte und Häuser, und Delphine bewohnen die Wälder und stoßen an die hohen Äste und schlagen gegen die hin und her bewegten Stämme. Der Wolf schwimmt unter Schafen, eine Woge treibt die braunen Löwen fort, eine Woge treibt die Tiger fort; nicht nützen die Kräfte der Hauer dem Eber, nicht flinke Läufe dem fortgespülten Hirsch.

1.
piscem (V. 6), delphines (V. 12), oves (V. 14), leones (V. 14), tigres (V. 15), apro (V. 15)
2.
erat (V. 2), deerant (V. 2), prosunt (V. 16)
3.
Iamque mar(e) et tellus nullum discrimen habebant:

Omnia pontus erat, deerant quoque litora ponto.

Occupat hic collem, cumba sedet alter adunca

et ducit remos illic, ubi nuper arabat:

B Ein neues Menschengeschlecht

„Oh, wenn ich doch nur mit den Fähigkeiten (eig.: Künsten) meines Vaters die Völker wiederherstellen und der geformten Erde Leben einströmen lassen könnte! Jetzt besteht das sterbliche Geschlecht (nur) noch aus uns beiden. So erschien es den Göttern gut: Wir bleiben die einzigen (oder: als einzige) Vertreter der Menschen.“

Er hatte gesprochen, und sie weinten: Man beschloss, die himmlische Gottheit anzubeten und durch heilige Orakelsprüche Hilfe zu suchen.

Die Göttin ließ sich bewegen (eig.: wurde bewegt) und gab folgenden Orakelspruch: „Geht weg vom Tempel, verhüllt euren Kopf, löst die umgegürteten Kleider und werft die Gebeine (eig.: Knochen) der großen Mutter hinter euren Rücken!“

„Die große Mutter ist die Erde! Ich glaube, dass Steine im Inneren (eig.: im Körper) der Erde Knochen genannt werden. Uns wird befohlen, diese hinter unseren Rücken (eig.: Pl.) zu werfen.“

Sie steigen hinab, verhüllen ihr Haupt, lösen ihre Tuniken und werfen die Steine, wie befohlen (eig.: die befohlenen Steine), hinter sich. In kurzer Zeit nahmen nach dem Willen der Götter die von den Händen des Mannes geworfenen

Steine die Gestalt von Männern an, und durch den Wurf der Frau wurde die Frau wieder erschaffen.

1.

Deukalion und Pyrrha haben ihre Köpfe verhüllt (vgl. V. 8) und werfen Steine hinter sich (vgl. V. 9).

2.

a) formatae … terrae (V. 2), genus … mortale (V. 3), nobis … duobus (V. 3), caeleste … numen (V. 5 f.) etc.

b) possim populos (V. 1), artibus atque animas (V. 2), caput cinctasque (V. 8)

c) Discedite … et … cinctasque … ossaque (V. 7 ff.), Descendunt velantque … tunicasque … et (V. 12 f.)

Liebesabenteuer der Götter

1. Apollo und Daphne

S. 92 f.

A Die Verfolgungsjagd

„Nymphe des Peneus, (ich) bitte, bleib (stehen)! Ich folge nicht als Feind; Nymphe, bleib (stehen)! So flieht das Lamm vor dem Wolf, so die Hirschkuh vor dem Löwen, so fliehen die Tauben mit zitternden Flügeln (eig.: mit zitternder Feder) vor dem Adler, ein jeder flieht vor seinen Feinden: Die Liebe ist für mich der Grund (dir) zu folgen! Unwegsam ist die Gegend, wohin du eilst: Laufe langsamer, (ich) bitte, und bremse deine Flucht, ich selbst werde langsamer folgen. Frage dennoch, wem du gefällst: Nicht bin ich ein Bewohner des Berges, nicht bin ich ein Hirte, nicht bewache ich struppig hier Rinder und Herden. Du weißt nicht, Unbesonnene, du weißt nicht, vor wem du fliehst, und deswegen fliehst du!"

1.

mane … mane (V. 1 f.), sic … sic … sic (V. 2 f.), moderatius … moderatius (V. 5 f.), non … non … non (V. 7 f.)

2.

a) Er folge nicht als Feind, sondern aus Liebe.

b) Er sei kein Bergbewohner oder Hirte.

B Die Verwandlung

„Bring Hilfe, Vater!", sagte sie. „Wenn Ihr Flussgötter (eig.: Flüsse) göttliche Kraft habt, zerstöre durch Verwandlung meine Gestalt, durch die ich allzu sehr Gefallen erregt habe!"

Kaum nachdem die Bitte beendet worden ist, besetzt (befällt) eine schwere Starre die Glieder, die weiche Brust wird von zarter Rinde umgeben, die Haare wachsen zu Laub, die Arme zu Ästen, der soeben noch schnelle Fuß bleibt in zähen Wurzeln stecken, ihr Gesicht wird zum Wipfel: Einzig die Schönheit bleibt in jener (zurück).

Phoebus liebt auch diese, und nachdem er seine rechte Hand auf den Stamm gelegt hat, spürt er noch immer das Herz unter der neuen Rinde schlagen, und er umarmt mit seinen Armen die Äste wie Körperteile und küsst (und nachdem er … umarmt hat, küsste er) das Holz dennoch weicht das Holz vor seinen Küssen zurück.

Der Gott sagte zu ihr: „Aber weil du nicht meine Ehefrau sein kannst, wirst du wenigstens mein Baum sein! Immer wird dich, Lorbeer, mein (eig.: unser) Haar als Schmuck haben, (dich) meine (eig.: unsere) Leier, (dich) mein (eig.: unser) Köcher als Schmuck haben. Du wirst bei den römischen Heerführern sein, wenn eine frohe Stimme den Triumph besingt (eig.: Futur) und das Kapitol lange Triumphzüge bestaunt (eig.: Futur)."

1.

HS: Hanc quoque Phoebus amat … sentit

sK: positaque in stipite dextra

sK: adhuc trepidare novo sub cortice pectus

2.

- Gemeinsamkeiten: Rinde umgibt Daphnes Körper, ihr Haar wird zu Laub, ihre Arme zu Zweigen.

- Unterschied: bei Ovid greift Apoll mit der rechten Hand auf Daphnes Körper, bei Bernini mit der linken

Aition

a) von der phönizischen Prinzessin Europa

b) von Ikarus, der dort abgestürzt sein soll

c) nach König Ägeus, der sich aus Kummer in dieses Meer gestürzt haben soll

2. Jupiter und Io

S. 94 f.

A Jupiters Annäherungsversuch

Jupiter hatte jene, die (= als sie) vom Fluss des Vaters zurückkehrte, gesehen und hatte gesagt: „Oh Jungfrau, die du (des) Jupiters würdig bist und die du in deinem Bett (eig.: durch dein Bett) irgendjemanden glücklich machen wirst, suche den Schatten (eig.: Pl.) der tiefen Wälder auf (und er hatte ihr den Schatten der Wälder gezeigt), während es heiß ist und die Sonne am höchsten Punkt in der Mitte ihrer Umlaufbahn steht! Wenn du dich aber fürchtest, die Verstecke wilder Tiere alleine zu betreten: Du wirst unter dem Schutz eines Gottes die Abgeschiedenheit der Wälder sicher (= ohne Gefahr) aufsuchen, und (zwar) nicht (irgend)eines Gottes aus dem Volk, sondern eines (Gottes), der in der Hand das große himmlische Zepter hält und der hin und her zuckende Blitze schleudert (eig.: der ich halte und … schleudere). Flieh nicht vor mir!" Sie floh nämlich. Da verhüllte der Gott das weite Land (eig.: Pl.), nachdem sich der Nebel ausgebreitet hatte, hielt ihre Flucht auf und raubte ihre Unschuld.

1.

redeuntem (V. 1), pete (V. 3), intrare (V. 6), subibis (V. 7), fuge / fugiebat (V.10)

3.

Tum deus inducta latas caligine terras
occuluit tenuitque fugam rapuitque pudorem. (V. 11 f.)

B Juno schreitet ein

Nachdem sie ihn im Himmel nicht gefunden hatte, sagte sie: „Entweder täusche ich mich oder mir geschieht Unrecht (eig.: ich werde verletzt)!", und nachdem sie vom hohen Himmel herabgeglitten war, blieb sie auf der Erde stehen und befahl den Nebeln zu weichen. Jener hatte die Ankunft seiner Gattin vorausgeahnt und hatte den Körper der Inachus-Tochter in eine schöne Kuh verwandelt.

Auch als Kuh ist sie schön! Juno lobt das Aussehen der Kuh, wenn auch ungern (= widerwillig).

Juno erbittet diese als Geschenk.

Was soll er machen? Es ist grausam, seine Geliebte herzugeben (= ihr zu überlassen), (aber sie) nicht zu geben wäre (eig.: ist) verdächtig: Es ist das Schamgefühl, das zu Ersterem rät, die Liebe rät von Zweiterem ab.

1.

Quem postquam caelo non repperit, „aut ego fallor

aut ego laedor!" ait delapsaqu(e) ab aethere summo

2.

a) die Ankunft seiner Frau ahnte; eine Kuh

b) die Kuh als Geschenk

c) Io als Kuh zu übergeben; sie nicht zu übergeben

C Ios Leben als Kuh

Sie kam auch zu den Ufern, wo sie oft zu spielen pflegte, zu den Ufern des Inachus, und als sie ihre neuen Hörner im Wasser erblickte, erschrak sie und wich entsetzt zurück.

Die Najaden wissen nicht, auch Inachus selbst weiß nicht, wer sie ist; doch jene folgt ihrem Vater und folgt den Schwestern und duldet berührt zu werden und bietet sich den Bewundernden dar. Inachus, der Greis, hatte ihr abgepflückte Kräuter entgegengestreckt: Jene leckt an den Händen (ihres Vaters), gibt den Handflächen ihres Vaters Küsse und hält die Tränen nicht zurück, und, wenn nur Worte folgen würden (eig.: sollten/könnten), könnte sie um Hilfe bitten, ihren Namen sagen und die Schicksalsschläge erzählen. Anstelle von Worten gaben Buchstaben (eig.: Sg.), die ihr Fuß in den Sand zeichnete, einen traurigen Beweis für ihren verwandelten Körper.

1.

a) Naides ignorant, ignorat et Inachus ipse (V. 4); patrem sequitur sequiturque sorores (V. 5)

b) sequiturque sorores (V. 5), oret opem (V. 10)

c) illa patrem sequitur sequiturque sorores et patitur tangi seque admirantibus offert (V. 5 f.)

2.

Io schreibt mit dem Fuß ihren Namen in den Staub.

3. Pluto und Proserpina

S. 96 f.

A Pluto als Amors Zielobjekt

Sie sagte: „Nimm jene Geschoße, Cupido, mit denen du alle besiegst, und schieße die schnellen Pfeile in die Brust des Pluto! Du zähmst die Götter und selbst Jupiter, du zähmst die besiegten Gottheiten des Meeres und selbst ihn, der die Gottheiten des Meeres regiert: Warum fehlt die Unterwelt? Warum dehnst du nicht deine Herrschaft und die deiner Mutter aus? Es handelt sich um ein Drittel (eig.: den dritten Teil) der Welt!"

Jener löst den Köcher und nahm gemäß der Wahl der Mutter von den tausend Pfeilen einen heraus, aber den spitzesten von allen, und indem er das Knie dagegen drückte (eig.:

mit dem entgegengesetzten Knie) krümmte er den biegsamen Bogen und traf mit dem mit Haken versehenen Pfeil Pluto ins Herz.

1.

a) Präfix se- (Trennung) + ponere („legen")

b) Präfix ob- („entgegen") + ponere („stellen")

2.

a) Tu … tu (V. 3)

b) Illa … tela (V. 1)

B Proserpina wird entführt

Nicht weit von den Mauern von Henna liegt ein See mit tiefem Wasser, namens Pergus: Caystros hört in den (dahin) gleitenden Wellen nicht mehr Gesänge der Schwäne als jener. Ein Wald umgibt das Wasser und umgibt jede Seite mit seinem Laub wie mit einem Segel und hält die Sonnenstrahlen fern; die Äste gewähren Kühlung, der feuchte Boden bringt tyrische Blumen hervor. Es herrscht ewiger Frühling.

Während Proserpina in diesem Wäldchen spielte und Veilchen oder weiße Lilien pflückte und während sie mit mädchenhaftem Eifer die Körbchen und die Schürze (eig.: den Gewandbausch) anfüllte und sich bemühte, die Gefährtinnen beim Sammeln zu übertreffen, wurde sie fast gleichzeitig von Pluto gesehen, begehrt und geraubt:

So sehr ist die Liebe entbrannt. Die erschrockene Göttin ruft traurig (eig.: mit traurigem Mund) nach der Mutter und nach den Begleiterinnen, aber öfter nach der Mutter, und als sie das Kleid vom äußersten Rand her zerrissen hatte, fielen die gesammelten Blumen aus der losgelassenen Tunika; eine solch große Naivität lag in ihren kindlichen Jahren: Auch dieser Verlust rief den Schmerz des Mädchens hervor.

1.

V. 1–7: Beschreibung der Gegend

V. 7–10: Proserpina pflückt Blumen

V. 11–17: Raub der Proserpina

2.

paene simul visa est dilectaque raptaque Diti (V. 11)

3.

a) Palermo

b) Messina

c) Taormina

d) Catania

e) Selinunte

C Jupiter als Vermittler

Aber Jupiter als Vermittler zwischen seinem Bruder und der traurigen Schwester teilt das ablaufende Jahr gleichmäßig: Jetzt verweilt die Göttin, die gemeinsame Gottheit zweier Reiche, ebenso viele Monate bei der Mutter und ebenso viele Monate bei dem Gemahl. Sofort verändert sich der Zustand (eig.: das Aussehen) ihrer Seele und ihres Antlitzes (Gesichts); denn die Stirn der Göttin, die auch dem Pluto soeben noch traurig erscheinen konnte, ist heiter, (so) wie die Sonne, die vorher durch regenreiche Wolken verdeckt war, aus den besiegten Wolken hervorstrahlt (eig.: herauskommt).

1.
a) fratris (V. 1, Bruder) – sororis (V. 1, Schwester);
b) cum matre (V. 4, mit der Mutter) – cum coniuge (V. 4, mit dem Gatten)
c) maesta (V. 6, traurig) – laeta (V. 7, fröhlich)

2.
a) volventem … annum (V. 2), regnorum … duorum (V. 3)
b) cum matre … totidem, totidem cum coniuge (V. 4)
c) totidem, totidem (V. 4)

3.
Jahreszeiten

4. Echo und Narcissus

S. 98 f.

A Echo erblickt Narcissus

Zufällig hatte der Knabe, getrennt von der treuen Schar der Begleiter (= der … getrennt war), gesagt: „Ist irgendjemand hier?" und „(Ist) hier!" hatte Echo geantwortet. Er staunt, und als er den Blick überallhin schweifen lässt, ruft er mit lauter Stimme: „Komm!" – (und) jene ruft den Rufenden (ebenso). Er blickt zurück, und als wieder niemand kommt, sagt er: „Warum (eig.: Was) fliehst du vor mir?" und ebenso viele Worte, wie er gesagt hat(te), hörte er wieder (eig.: nahm er wieder auf).

Er bleibt stehen, und getäuscht durch den Widerhall der antwortenden Stimme, sagt er:

„Lass uns hier zusammenkommen!", und Echo, die keinem Wort jemals lieber antworten wollte, antwortete: „Zusammenkommen!" und sie freute sich selbst über ihre Worte, trat aus dem Wald heraus und ging (zu ihm), um die (= ihre) Arme um den ersehnten Hals zu schlingen. Jener flieht und fliehend (= während er flieht) sagt er: „Lass von der Umarmung ab! Vorher (= lieber) möchte ich sterben, als dass du Macht über mich hast!" Jene antwortete nichts außer: „… du Macht über mich hast!"

1.
a) 6. F. Sg. f.
b) 6. F. Sg. m.
c) 3. F. Sg. m.

2.
responderat (V. 2), clamat (V. 4), vocat / vocantem (V. 4), inquit (V. 5), dixit (V. 5), ait (V. 8/13), rettulit (V. 9/14)

3.
N: Ist jemand da?
E: Da!
N: Komm!
E: Komm!
N: Warum fliehst du vor mir?
E: Fliehst du vor mir?
N: Hier lass uns zusammenkommen!
E: Lass uns zusammenkommen!
N: Lieber will ich sterben; nie sollst du Macht über mich haben!
E: Sollst du Macht über mich haben!

B Echos Verwandlung

Aber dennoch bleibt die Liebe und wächst durch den Schmerz über die Zurückweisung, die ständig vorhande-

nen Sorgen machen den beklagenswerten Körper dünn, die Magerkeit lässt die Haut schrumpfen, und die ganze Körperflüssigkeit schwindet in die Luft; nur die Stimme und die Knochen bleiben übrig: die Stimme bleibt, die Knochen, sagt man, hätten die Gestalt von Stein angenommen. Von da an versteckt sie sich in den Wäldern und wird auf keinem Berg gesehen, von allen (aber) gehört: Es ist der Klang, der in jener (weiter)lebt.

1.
a) den Schmerz der Zurückweisung
b) dünner, die Stimme, Knochen, die Stimme

C Narcissus

Während er den Durst löschen will, wächst ein anderer Durst, und während er trinkt, liebt er, ergriffen von dem Abbild der gesehenen Schönheit, eine Hoffnung ohne Körper, er glaubt, dass (das), was ein Scheinbild ist, ein Körper ist. Er bestaunt sich selbst und verharrt reglos mit demselben Gesichtsausdruck, wie eine aus parischem Marmor gehauene Statue. Am Boden liegend betrachtet er das Sternenpaar, seine Augen, und das Haar, eines Bacchus würdig, auch eines Apollo würdig, und die bartlosen Wangen, den elfenbeinfarbenen Hals, die Schönheit des Gesichts und die mit weißem Teint gemischte Röte. Alles, wodurch er selbst bewundernswert ist, bewundert er: Nichtsahnend begehrt er sich selbst, er erregt und findet Gefallen (eig.: er selbst, der bestaunt, wird bestaunt), während er begehrt, wird er selbst begehrt, in gleicher Weise entzündet und brennt er. Wie oft gab er der trügerischen Quelle vergebliche Küsse!

1.
a) dumque … dumque (V. 1 f.), dignos … dignos (V. 7)
b) z. B. visae … formae (V. 2)
c) sedare (V. 1), crevit (V. 1), lumina (V. 6), accendit (V. 12) ardet (V. 12)
d) ut e Pario formatum marmore signum (V. 5)

2.
Narzissus möchte trinken, er bestaunt sich selbst.

5. Menschen als Lustobjekte der Götter

S. 100 f.

A Apollo und Hyacinthus

Hyacinthus beeilte sich die Scheibe aufzuheben; aber durch das Zurückprallen schleuderte sie die harte Erde empor in dein Gesicht, Hyazinthus. Der Gott erbleichte gleich wie der Bub selbst und nahm die zusammengesunkenen Glieder auf, und bald wärmt er dich wieder, bald trocknet er die traurige Wunde, bald will er die fliehende Seele durch aufgelegte Kräutern zurückhalten. Die Künste nützen nichts: Die Wunde war unheilbar.

Siehe, das Blut, das auf den Boden geflossen war und die Kräuter gefärbt hatte, hört auf Blut zu sein, und eine Blume entsteht, leuchtender als tyrischer Purpur.

1.
a) R; b) R; c) R; d) F

2.
conlapsosque excipit artus (V. 4)

B Jupiter und Ganymed

Einst entbrannte der König der Götter in Liebe zum phrygischen Ganymed (= zu G. aus Phrygien), und es wurde etwas gefunden, das Jupiter lieber sein wollte als das, was er war. Er hielt dennoch keinen Vogel für würdig, sich in ihn zu verwandeln als einen, der seine Blitze tragen konnte.

Ohne Zögern raubte er den Knaben aus Troja, nachdem er mit seinen trügerischen Flügeln die Luft geschlagen hatte. Dieser mischt auch jetzt noch die Becher und reicht sie gegen den Willen der Juno dem Jupiter.

1.

Jupiter liebte Ganymed. Er verwandelte sich in einen Adler, weil er gerne ein Vogel sein wollte und weil nur der Adler seine Blitze tragen kann. In dieser Gestalt trägt er Ganymed in den Himmel, wo er – zu Junos Missfallen – Jupiter Nektar serviert.

2.

a) Nulla … alite (V. 3), invita … Iunone (V. 7)

b) quam quod (V. 2), fulmina ferre (V. 4)

C Venus und Adonis

Neulich (erst) war er geboren, soeben noch ein wunderschönes Kind, schon ein Jüngling, schon ein Mann, schon ist er schöner als er selbst, schon gefällt er auch (der) Venus. Denn während der köchertragende Bub die Mutter küsste, streifte er versehentlich mit dem herausstehenden Pfeil ihre Brust.

Die verletzte Göttin stieß mit der Hand den Sohn zurück: Die Wunde war tiefer (eig.: tiefer gemacht / eingedrungen), als es (= sie) aussah, und hatte sie zuerst selbst getäuscht. Entzückt durch die Schönheit des Mannes kümmert sie sich nicht mehr um die Küsten von Zypern, sie besucht auch nicht das vom tiefen Meer umgebene Paphos und das fischreiche Cnidos oder das an Metall reiche Amathus; sie hält sich auch vom Himmel fern: Adonis wird dem Himmel vorgezogen.

1.

a), e)

3.

a) iam … iam … iam (V. 2)

b. altius actum (V. 6), Cytherea curat (V. 8)

Liebesleid der Menschen

Pygmalion

S. 102 f.

A Die ideale Frau

Inzwischen bearbeitete er erfolgreich weißes Elfenbein mit wunderbarer Kunst und gab ihm eine Gestalt, mit der keine Frau geboren werden kann, und empfand Liebe zu seinem Werk. Ihr Antlitz ist das einer wirklichen Jungfrau: Du könntest glauben, sie lebe und wolle sich bewegen, wenn die Scham nicht hinderlich wäre: So sehr bleibt die Kunst in ihrer Kunst verborgen! Pygmalion bewundert sie und entbrennt im Herzen in Liebe (eig.: fängt mit dem Herzen Feuer) zu dem scheinbaren Körper. Oft legt er seine Hände auf sein Werk, die ertasten, ob jenes ein Körper (sei) oder ob es Elfenbein sei, und er gesteht sich nicht ein, dass es noch

immer Elfenbein ist. Er gibt ihr Küsse und glaubt, dass sie zurückgegeben werden, und er spricht mit ihr, hält sie und glaubt, dass sich seine Finger auf die berührten Glieder eindrücken, und er fürchtet, dass ein blauer Fleck auf die gedrückten Glieder kommt, bald findet er zärtliche Worte, bald bringt er jener Geschenke, die den Mädchen willkommen sind, Muscheln, geschliffene Steinchen, kleine Vögel, tausendfarbige Blumen, Lilien, bunte Bälle und von den Bäumen herabgetropfte Tränen der Heliaden; er schmückt auch den Körper (eig.: Körperglieder) mit Gewand, gibt ihren Fingern Edelsteine und lange Halsketten um den Hals, leichte Perlen hängen von den Ohren und Halsbänder auf der Brust: Alles steht ihr gut; doch nackt scheint sie nicht weniger schön.

Er legt sie auf die von der Purpurschnecke gefärbten Decken und nennt sie seine Bettgenossin und legt ihren geneigten Hals auf weiche Flaumfedern, als könnte sie es spüren.

1.

C – B – F – E – A – G

2.

a) dat digitis (V. 18)

b) conches … pendent (V. 14–19)

c) Oscula dat reddique putat loquiturque tenetque et credit (V. 10 f.); conchas tetetesque lapillos … lacrimas (V. 14 ff.)

d) nec … minus (V. 20)

B Das Kunstwerk erwacht zum Leben

Sobald er zurückkam, eilte jener (sogleich) zur Statue seines Mädchens, legte sich auf das Bett und gab ihm Küsse: Sie schien warm zu sein!

Wiederum bewegt er den Mund hin, auch mit seinen Händen befühlt er die Brüste: Das berührte Elfenbein wird weich, und nach Ablegen der Starrheit (eig.: nachdem die Starrheit abgelegt worden ist) gibt es seinen Fingern nach und gibt nach (eig.: weicht), (so) wie das Wachs vom Hymettos-Gebirge durch die Sonne weich wird und sich, vom Daumen geknetet, in viele Formen biegen lässt (eig.: biegt) und durch den Gebrauch selbst brauchbar wird. Während er staunt und sich zweifelnd freut und fürchtet getäuscht zu werden, betastet der Liebende immer und immer wieder mit seiner Hand sein Wunschbild. Es war ein Körper! Die vom Daumen berührten Adern pochen. Dann aber spricht der Held von Paphos die innigsten Worte aus, mit denen er Venus dankt, und drückt schließlich mit seinem Mund auf den Mund, der nicht künstlich (eig.: falsch) ist, und die Jungfrau spürte die ihr gegebenen Küsse, errötete, und als sie den ängstlichen Blick zu den Augen (Pygmalions) erhob, sah sie zugleich mit dem Himmel den Liebenden. Die Göttin ist bei der Ehe, die sie geschlossen hat, anwesend, und nachdem sich die Sicheln des Mondes neun Mal gerundet hatten, gebar jene Paphos, nach der die Insel ihren Namen hat.

1.

Als Pygmalion zurückkehrt, hat er den Eindruck, die Statue sei zum Leben erwacht, da sie unter seinen Berührungen nachgibt. Erst ist er sich noch unsicher, doch als er auch den Puls spürt, dankt er Venus, dass sie seine Bitten erhört hat. Er küsst die von ihm geschaffene Frau, die nun die Augen öffnet. Sie heiraten und neun Monate später bekommen sie eine Tochter.

2.

a) stupet et dubie gaudet fallique (V. 8)

b) simulacra suae (V. 1), cum caelo (V. 5), utilis usu (V. 7)

c) z. B. suae … puellae (V. 1), temptatum … ebur (V. 4) etc.

d) simulacra (V. 1), ora (V. 12)

e) illa Paphon genuit, de qua tenet insula nomen (V. 18)

A + B

1.

a) Gemeinsamkeit: Eine Statue erwacht zum Leben.

b) Unterschied: Es gibt kein „Happy End".

Bestrafungen durch die Götter

1. Phaëthon

S. 104 f.

A Phaëthon lernt seinen Vater kennen

Der Sonnengott sah mit seinen Augen, mit denen er alles erblickt, den jungen Mann und sprach: „Was ist für dich der Grund der Reise? Was wolltest du (eig.: erstrebtest du) in / auf dieser Burg, Phaëthon, Nachkomme, der du von deinem Vater [Dativus auctoris] nicht zu verleugnen bist?" Jener antwortet: „O gemeinsames Licht der unermesslichen Welt, Vater Phoebus, wenn du mir den Gebrauch dieser Bezeichnung gewährst, gewähre (mir) einen Beweis (eig.: Pl.), Vater, durch den ich für den wahren Nachkommen gehalten werde, und nimm meinem Gemüt diese Ungewissheit weg!" Er hatte gesprochen, aber der Vater legte die um sein ganzes Haupt funkelnden Strahlen nieder und befahl ihm näher zu kommen, umarmte ihn (eig.: nachdem er eine Umarmung gegeben hatte) und sagte: „Du bist nicht würdig, als mein Sohn verleugnet zu werden, und Clymene hat deine wahre Herkunft genannt, und damit du weniger zweifelst, erbitte ein beliebiges Geschenk!"

1.

lux … publica (V. 4), inmensi … mundi (V. 4), animis … nostris (V. 7), micantes … radios (V. 8 f.), veros … ortus (V. 11)

2.

a) Sohn, warum er gekommen sei

b) Licht der Welt, Vater

c) Beweis, Herkunft

B Das Unglück nimmt seinen Lauf

Als aber der unglückliche Phaëthon von der höchsten Himmelshöhe aus auf die Länder blickte, die weit, weit unten lagen, wurde er bleich, auf einmal erzitterten seine Knie vor Furcht, durch so viel Licht entstand Finsternis in seinen Augen und schon wollte er lieber, er hätte die Pferde des Vaters niemals angerührt.

Da aber sieht Phaëthon die von allen Seiten angezündete Welt und er erträgt solch große Hitze nicht und atmet glühende Luft wie aus einem tiefen Ofen ein und spürt, dass sein Wagen zu glühen beginnt.

Man glaubt, dass das Volk (eig.: Pl.) der Äthiopier damals eine schwarze Farbe bekommen habe, weil das Blut an die Oberfläche des Körpers versetzt worden sei; damals wurde Libyen trocken, weil die Feuchtigkeit durch die trockene Hitze geraubt worden war, damals beweinten die Nymphen mit aufgelösten Haaren ihre Quellen und Seen.

Der Nil floh erschrocken ans äußerste Ende der Welt und verbarg sein Haupt, das bis heute verborgen ist: Seine sieben staubigen Mündungen sind trocken (eig.: leer), sieben Täler (sind) ohne fließendes Wasser. Der ganze Boden springt auf, durch die Risse dringt Licht in den Tartarus ein und erschreckt den König der Unterwelt samt (eig.: mit) seiner Frau; das Meer zieht sich zusammen, eine Fläche aus trockenem Sand ist das, was soeben noch ein Meer war, Berge tauchen auf, die das tiefe Meer bedeckt hatte, und sie vermehren (eig.: vergrößern) die verstreuten Kykladen.

1.

a) Präfix in- (Verneinung) + felix („glücklich")

b) Präfix per- (Verstärkung) + terrere („erschrecken")

c) Präfix con- („zusammen") + trahere („ziehen")

2.

fontes (V. 13), lacus (V. 13), Nilus (V. 15), flumine (V. 17), mare (V. 20)

3.

Phaethon bereut seinen Wunsch

Die Welt in Flammen

Afrika verändert sich

Extreme Trockenheit

2. Latona und die lykischen Bauern

S. 106 f.

A Latonas Bitte

„Warum haltet ihr mich vom Wasser ab? Der Nutzen des Wassers ist allgemein! Die Natur hat weder die Sonne noch die Luft noch die klaren Wellen zum Eigentum eines Einzelnen gemacht: Ich kam zu einem öffentlichen Geschenk (poet. Plural). Ich bitte euch flehentlich, dass ihr mir dennoch dieses gebt (= gewährt). Ich hatte nicht vor (eig.: ich bereitete mich nicht vor), hier unsere Glieder und den erschöpften Körper (eig.: Körperteile) abzuspülen, sondern den Durst zu stillen! Der Mund der Sprechenden vermisst (eig.: entbehrt) die Feuchtigkeit, die Kehle ist trocken und kaum ist ein (= gibt es einen) Weg für die Stimme in ihr. Ein Schluck Wasser wird für mich Nektar sein und ich werde bekennen, dass ich das Leben zugleich empfangen habe: Ihr könntet mir das Leben durch Wasser (eig.: im Wasser) geben! Auch diese mögen euch bewegen, die die kleinen Arme von meiner Brust (zu euch) ausstrecken!" – und zufällig streckten die Kinder die Arme aus. Wen hätten die zärtlichen Worte der Göttin nicht bewegen können? Dennoch fahren diese fort, die Bittende abzuhalten, und fügen Drohungen, wenn sie nicht weit weggehe, und darüber hinaus Beschimpfungen hinzu.

1.

detis (V. 4): ihr gebt; dederitis (V. 9): ihr könntet geben; moveant (V. 10): sie sollen bewegen; potuissent (V. 12): sie hätten … können; abscedat (V. 14): sie sollte weggehen

2.

a) undas (V. 3)

b) orantem (V. 13)

c) membra (V. 5)

3.

a) die allgemeinen Gaben der Natur

b) die Kehle

c) die Kinder

d) die Bauern

4.

Das Wasser gehöre allen Menschen; sie möchte nicht darin baden, sondern nur trinken; die Bauern können doch nicht so hartherzig sein, dass sie auch den Kindern das Wasser verwehren.

B Die Bestrafung der Bauern

„Ihr sollt für immer in diesem Teich leben!", sagte sie. Die Wünsche der Göttin gehen in Erfüllung: Es gefällt (den Verwandelten), unter Wasser zu sein, bald den ganzen Körper in dem tiefen Sumpf einzutauchen, nun das Haupt hervorzustrecken, bald an der Wasseroberfläche zu schwimmen, sich oft oberhalb des Ufers des Teiches niederzulassen, oft in den eisigen See zurückzuspringen, aber auch nun üben sie die schändlichen Zungen im Streit (eig.: Pl.) und, nachdem das Schamgefühl abgelegt worden ist, versuchen sie, obgleich sie unter Wasser sind, unter Wasser zu lästern. Schon ist auch die Stimme heiser, die aufgeblasenen Hälse schwellen an und die Beschimpfungen selbst dehnen die breiten Mäuler aus; der Rücken (eig.: Pl.) berührt das Haupt, der Hals scheint aufgelöst, der Rücken ist grün, der Bauch, der größte Teil des Körpers, ist weiß und in der schlammigen Tiefe springen neue Frösche umher.

1.

membra (V. 3), caput (V. 4), linguas (V. 7), colla (V. 9), terga (V. 11), venter (V. 12)

2.

sie stoßen Beschimpfungen aus – sie versuchen unter Wasser zu lästern (sub aqua maledicere temptant, V. 8)

sie wühlen den See auf – sie hüpfen im schlammigen Wasser (limososque … saliunt in gurgite, V. 13)

sie springen ins Wasser – es gefällt ihnen, ins kalte Wasser zu springen (Iuvat … in gelidos resilire lacus, V. 2/6)

3.

a) saepe super (V. 5), pulsoque pudore (V. 7)

b) saepe … saepe (V. 5)

c) optata (V. 2), gelidos lacus (V. 6)

3. König Midas

S. 108 f.

A Ein Wunsch und seine Folgen

Jener, der im Begriff war, das Geschenk zu seinem Unheil (eig.: schlecht) zu nützen, sagte: „Bewirke, dass sich alles, was ich mit meinem Körper berühre, in gelbes Gold verwandelt!"

Bacchus stimmte dem Wunsch zu, gewährte das Unheil bringende (eig.: schädliche) Geschenk und bedauerte, dass er nichts Besseres erbeten habe. Froh geht der phrygische Held weg, freut sich an seinem Unglück und erprobt die Zuverlässigkeit des Versprochenen, indem er einzelne Dinge berührt (eig.: durch das Berühren von einzelnen Dingen; Gerundium). Kaum traute er seiner Wunderkraft, er zog einen Zweig mit grünem Laub von einer niedrigen

(eig.: nicht hohen) Eiche: Der Zweig wurde zu Gold! Er hob (eig.: Präs.) vom Boden einen Stein auf: Auch der Stein glänzte (eig.: Präs.) von Gold! Er berührte auch eine Erdscholle: Durch den zauberkräftigen (eig.: starken) Kontakt wird die Erdscholle zu einem Metallklumpen. Er pflückte dürre Ähren der Ceres: Es war eine goldene Ernte. Er hält eine vom Baum gepflückte Frucht: Man könnte glauben, die Hesperiden hätten sie geschenkt! Wenn er die Finger den hohen Türpfosten annäherte, schienen die Türpfosten zu glänzen; auch wo jener die Hände in den klaren Wellen gewaschen hatte, würde das Wasser, das von den Händen floss, Danaë täuschen.

1.

Ablativus instrumenti: corpore (V. 2), malo (V. 5), tangendo (V. 6), auro (V. 9), contactu (V. 10), liquidis undis (V. 15)

Ablativus separationis: ilice (V. 8), humo (V. 9), arbore (V. 12), palmis (V. 16)

2.

contigero / contigit (V. 2/10), tangendo (V. 6), contactu (V. 10)

3.

ille – aurum (V. 1–2): Midas formuliert seinen Wunsch.

adnuit – petisset (V. 3–4): Bacchus gewährt den Wunsch.

laetus – posset (V. 5–16): Midas erprobt die Wirkung des Geschenkes.

B Der Zauber wird gelöst

Der Wille der Götter war gütig: Bacchus versetzte ihn, weil er (eig.: der) gestand, dass er einen Fehler begangen hatte, in den früheren Zustand und löste in treuer Erfüllung des Vertrages die gegebenen Gaben auf.

„Und damit du nicht mit dem Gold beschmiert bleibst, das du dir schlimmerweise (eig.: schlecht) gewünscht hast, geh zu dem Fluss, der an das große Sardes grenzt, und nimm den Weg durch das lydische Joch den hingleitenden Wellen entgegen, bis du zum Ursprung des Flusses kommst, und halte deinen Kopf unter die schäumende Quelle, wo sie am stärksten hervortritt, und wasche zugleich den Körper und zugleich das Verbrechen ab!"

Der König trat unter das Wasser, wie befohlen (eig.: unter das befohlene Wasser): Die goldene Kraft färbte den Fluss und wich vom menschlichen Körper in den Fluss.

1.

vade (V. 4), carpe viam (V. 6), venias (V. 6), exit (V. 7), cessit (V. 10)

2.

a) R; b) F; c) F; d) F

3.

a) mite deum numen (est) (V. 1)

b) Lydum labentibus (V. 5), caput corpusque (V. 8)

c) + d) optato … auro (V. 3), vicinum … amnem (V. 4), magnis … Sardibus (V. 4) etc.

4.

Erklärung, warum der Paktolos Gold führt

Der Mythos von Roms Stammvater

1. Der Untergang Trojas

S. 110 f.

A Laokoons Warnung

Als Erster eilt dort Laokoon, von einer großen Schar begleitet (eig.: während ihn eine große Schar begleitet), wutentbrannt von der Höhe der Burg herab und rief von der Ferne: „Oh, elende Bürger, welche Verblendung habt ihr? Ihr glaubt, dass die Feinde weggefahren sind? Oder glaubt ihr, dass irgendein griechisches Geschenk (eig.: Pl.) ohne Betrug ist? So (wenig) ist (euch) Odysseus bekannt? Entweder verbergen sich die Griechen eingeschlossen in diesem Holzbau oder dieses Kriegsgerät ist gegen unsere Mauern gebaut worden, um in unsere Häuser hineinzublicken und von oben in unsere Stadt zu kommen, oder es steckt irgendein (anderer) Betrug dahinter. Vertraut dem Pferd nicht, Trojaner! Was auch immer es ist, ich fürchte die Danaer, auch wenn sie Geschenke bringen!"

1.
GS: Quidquid id est,
HS: timeo Danaos
sK.: (Danaos) et dona ferentis!
2.
a) gegen
b) um zu betrachten

B Das trojanische Pferd

Wir reißen die Mauern ein und öffnen die Befestigungsanlagen der Stadt. Alle machen sich an die Arbeit und befestigen rollende Räder an den Füßen und binden um den Hals Seile aus Hanf; das verderbenbringende Kriegsgerät überwindet, voll mit Waffen (= Bewaffneten), die Mauern. Ringsum singen Knaben und jungfräuliche Mädchen heilige Gesänge und freuen sich, das Seil mit der Hand zu berühren. Jenes Kriegsgerät nähert sich und gleitet drohend mitten in die Stadt hinein. O Heimat, o Troia, Haus der Götter und durch den Krieg berühmte Mauern der Trojaner! Viermal blieb es noch an der Schwelle des Tores stecken (eig.: stehen), und viermal gaben die Waffen im Bauch ein Klirren (von sich). Wir machten dennoch weiter, unüberlegt und blind vor Eifer (eig.: Raserei) und stellen das unheilbringende Ungeheuer auf der heiligen Burg auf. Dann öffnet auch Kassandra mit Prophezeiungen (oder: für Prophezeiungen, Dativ) ihren Mund, dem auf Geheiß des Gottes von den Trojanern niemals geglaubt wurde. Wir Elenden, für welche jener Tag ja der letzte war, schmücken die Tempel der Götter in der ganzen Stadt mit festlichem Laub.

1.
a) machina muros (V. 4), mediaque minans (V. 7), divum domus (V. 8), sacrata sistimus (V. 12), delubra deum (V. 15)
b) Dividimus muros et moenia pandimus (V. 1)
c) mediaeque … urbi (V. 7), sacrata … arce (V. 12), fatis … futuris (V. 13), ora … credita (V. 14), Nos … miseri (V. 15), festa … fronde (V. 16)
d) O patria, o divum domus Ilium et incluta bello moenia Dardanidum (V 8 f.)

2.
a) Buben und unverheirateten Mädchen; heilige Gesänge singen
b) das Pferd blieb viermal auf der Schwelle stehen, aus dem Bauch des Pferdes war das Geräusch der Waffen zu hören, Kassandra warnte

2. Dido und Äneas

S. 112 f.

A Der Traum des Äneas

Sogleich fährt er ihn an: „Du erbaust nun die Grundsteine für das erhabene Karthago und baust als Sklave deiner Frau eine schöne Stadt? Ach du, der du die Herrschaft und deine Bestimmung (eig.: Sachen) vergessen hast! Der Herrscher der Götter selbst, der mit göttlichem Wink Himmel und Länder lenkt, schickt mich vom berühmten Olymp zu dir: Er selbst befiehlt, diese Aufträge durch die schnellen Lüfte zu tragen. Was planst du? Oder mit (in) welcher Hoffnung schlägst du die Zeit in libyschen Ländern tot? Wenn dich kein Ruhm so hoher Bestimmung (eig.: Sachen) bewegt, nimm Rücksicht auf den heranwachsenden Ascanius und auf die Hoffnungen deines Erben Julus, dem die Herrschaft über Italien und das römische Land gebührt!"

1.
a) claro (V. 4)
b) respice (V. 10)
c) terras (V. 5)
d) torquet (V. 5)
2.
Merkur sagt, dass er von Jupiter selbst geschickt worden sei. Außerdem möge er an seinen Sohn und dessen Nachfahren denken, denen die Herrschaft über Italien verheißen sei. Also müsse er dem Auftrag folgen.

B Die verlassene Dido

Als die Königin von den Wachtürmen das erste Licht hell werden und die Flotte mit gleich ausgerichteten Segeln losfahren sah, und als sie merkte, dass Strände und Häfen ohne Ruderer waren, da schlug sie sich dreimal und viermal auf die schöne Brust, raufte sich die blonden Haare und rief: „Beim Jupiter! Wird dieser Neuankömmling gehen und sollte er mit meinem Reich sein Spiel getrieben haben? Geht! Bringt schnell die Flammen, gebt (mir) Waffen, treibt die Ruder an!
Was spreche ich? Oder wo bin ich? Welcher Wahnsinn verändert meinen Geist? Unglückliche Dido, berühren dich jetzt ruchlose Taten?"

1.
a) albus („hell") + Suffix -escere (Beginn einer Handlung)
b) insanus („wahnsinnig") + Suffix -ia (Zustand)

C Didos Tod

„Ich habe gelebt und das Leben (eig.: die Bahn) vollendet, das (mir) das Schicksal gegeben hatte, und nun wird ein großes Schattenbild von mir in die Unterwelt gehen. Eine berühmte Stadt habe ich errichtet, meine (eigenen) Mauern habe ich gesehen, meinen Gatten habe ich gerächt und

Strafe an meinem (mir) feindlich gesinnten Bruder vollzogen, ich wäre glücklich, ach, allzu glücklich, wenn nur niemals trojanische Schiffe unsere Küsten berührt hätten!" Sie sprach's, und nachdem sie ihr Gesicht auf einen Polster gedrückt hatte, sagte sie: „Wir werden (= Ich werde) ungerächt sterben, aber wir wollen (= ich will) sterben! So, so, freut es mich, hinab zu den Schatten zu gehen: Der grausame Trojaner möge mit seinen Augen dieses Feuer vom Meer aus aufnehmen und die Anzeichen unseres (= meines) Todes mit sich tragen!"

Sie hatte (es) gesprochen, und ihre Begleiterinnen sehen sie mitten unter (zwischen) solchen Worten ins Schwert stürzen, (und sie sehen auch) das vom Blut schäumende Schwert und die bespritzten Hände.

1.
a) magna mei (V. 2), mea moenia (V. 3), spumantem sparsasque (V. 13)
b) sic, sic (V. 8)
c) magna … imago (V. 2), hunc … ignem (V. 9), nostrae … mortis (V. 10)
d) ferro (V. 11)

3. Äneas in der Unterwelt

S. 114 f.

A Charon

„Der Trojaner Aeneas, herausragend durch Frömmigkeit und durch Kriegsruhm, steigt zum Erzeuger (= Vater) hinab, zu den untersten Schatten der Unterwelt. Wenn dich der Anblick so großer Frömmigkeit nicht rührt, sollst du aber diesen Zweig – und sie holt den Zweig, der im Kleid versteckt war – erkennen!" Da beruhigt sich das vom Zorn erregte Herz (eig.: Pl.). Er wendet das blaue Boot und nähert sich dem Strand. Dort scheucht er die anderen Seelen hinweg, die auf den langen Ruderbänken saßen, und schafft Platz; zugleich nimmt er den gewaltigen Äneas im Boot auf. Das Boot ächzte unter der Last.

1.
a) pius („pflichtgetreu") + Suffix -tas (Eigenschaft)
b) gignere („zeugen") + Suffix -tor (Täter)
c) Präfix de- („herab") + scandere („steigen")
d) Präfix ad- („hin") + vertere („wenden")
2.
a) R; b) F; c) R; d) R

B Begegnung mit Dido

Unter diesen irrte die Phönizierin Dido mit noch frischer Wunde durch den großen Wald (umher). Sobald der trojanische Held neben ihr stand und sie durch die Schatten nur undeutlich erkannte (…), da vergoss er Tränen und sprach sie in zärtlicher Liebe an: „Unglückliche Dido, war also eine wahre Nachricht zu mir gekommen, dass du gestorben bist und das Leben mit dem Schwert beendet hast? War ich, ach, Ursache deines Todes? Bei den Sternen schwöre ich, bei den Göttern, und wenn es irgendeinen Schwur (eig.: Treue) ganz tief unter der Erde gibt: Gegen meinen Willen, Königin, bin ich von deiner Küste weggegangen!"

Jene wandte sich ab und hielt ihre Augen auf den Boden gerichtet, und sie wurde durch die begonnene Rede nicht mehr in ihrer Miene bewegt, wie wenn ein harter Stein oder eine marpesische Klippe dastünde. Schließlich machte sie sich auf und flüchtete als Feindin (eig.: feindlich) in einen schattigen Wald.

1.
umbra („Schatten") + ferre („bringen")

C Roms zukünftige Bedeutung

„Andere werden eleganter lebensechte Bronzestatuen formen – glaube ich jedenfalls –, (eleganter) aus Marmor lebendige Gesichter formen, sie werden besser(e) Prozessreden halten, sie werden (besser) mit dem Stab die Bahnen am Himmel beschreiben und das Aufgehen von Gestirnen (eig.: aufsteigende Gestirne) vorhersagen: Du (aber), Römer, denke daran, die Völker mit deinem Befehl zu beherrschen – diese Fähigkeiten wirst du haben –, dem Frieden eine sittliche Ordnung zu geben, die Unterworfenen zu verschonen und die Hochmütigen zu bezwingen."

1.
In anderen Völkern finden sich bessere Bildhauer, Juristen und Astronomen; Aufgabe der Römer ist es, über andere Völker zu herrschen und ihnen Frieden und Moral zu bringen.

S. 116

Abschlussquiz
1. F
2. Rumänien
3. b)
4. aus Lorbeerzweigen
5. d)
6. Proserpina
7. c)
8. übersteigerte Selbstliebe
9. a)
10. c)
11. Zypern
12. eine dunkle Hautfarbe
13. a)
14. Lautmalerei
15. b)
16. R
17. Dido
18. R
19. Pygmalion, Narziss, Äneas und Dido

Eros und Amor

Bibel

Erpresserische Liebe

S. 118 f.

A Die lüsternen Alten

Als aber die Leute um die Mittagszeit (nach Hause) zurückgekehrt waren, kam (eig.: schritt) Susanna herein und ging im Garten ihres Mannes spazieren. Und zwei alte Männer sahen diese, wie sie täglich eintrat und spazieren ging, und sie entbrannten in Leidenschaft zu ihr, lenkten ihre Gedanken in die falsche Richtung und ließen ihre Blicke schweifen (eig.: wendeten ihre Blicke ab), sodass sie nicht den Himmel sahen und sich nicht an die gerechten Gerichte (Urteile) erinnerten.

Beide also (waren) von der Liebe zu ihr verwundet und zeigten sich gegenseitig nicht ihren Liebeskummer; sie schämten sich nämlich, ihre Leidenschaft zu zeigen, da (als) sie mit ihr schlafen wollten.

1.
a) die Leute gegangen sind.
b) spaziert.
c) sie sich schämen.

B Susanna im Bad

Einmal (Eines Tages) trat sie wie gestern und vorgestern mit zwei Mädchen alleine (= nur mit zwei Mädchen) ein und wollte im Garten baden, denn es war heiß (eig.: Hitze). (Und) dort war sonst keiner (eig.: nicht irgendeiner) außer den zwei alten Männern, welche sich versteckt hatten und sie beobachteten. Also sagte sie zu den Mädchen: „Bringt mir Öl und Salben (Salböle) (herbei) und schließt die Tore des Gartens, damit ich baden kann."
(Und) sie taten, wie sie befohlen hatte; sie schlossen die Tore des Gartens und gingen durch ein Seitentor hinaus, um herbeizubringen, was sie [= Susanna] aufgetragen hatte; (und) sie wussten nicht, dass die alten Männer drinnen versteckt waren.

Nachdem (als) die Mädchen aber hinausgegangen waren, standen die zwei alten Männer auf, liefen zu ihr hin und sagten:
„Siehe, die Tore des Gartens sind geschlossen und niemand sieht uns, (und) wir sind in Leidenschaft zu dir (entbrannt); daher füge dich uns und schlafe mit uns! Wenn du dies nicht willst, werden wir gegen dich Zeugnis ablegen (eig.: sagen), dass ein Jüngling bei dir war und (dass) du deshalb die Mädchen von dir weggeschickt hast."
Susanna seufzte und sagte: „Gefahren umgeben mich von allen Seiten (eig.: sind mir überall): Denn wenn ich dies tue, steht (= ist) mir der Tod bevor; wenn ich es aber nicht tue, werde ich euren Händen nicht entkommen; aber besser ist es für mich, ohne etwas zu tun in eure Hände zu fallen, als vor dem Angesicht des Herrn zu sündigen." (Und) Susanna schrie mit lauter Stimme auf; aber auch die alten Männer schrien zugleich mit ihr auf.

1.
a) Die beiden Alten reden auf die entblößte Susanna ein.
b) Die Nacktheit Susannas deutet ihr Bad im Garten an.

C Die falsche Aussage der Alten

„Als wir im Garten allein spazieren gingen, kam diese [= Susanna] mit zwei Mädchen herein, verschloss die Tore des Gartens und schickte die Mädchen von sich weg. Und es kam ein junger Mann zu ihr, der sich versteckt hatte (eig.: versteckt war), und schlief mit ihr. Wir aber, weil wir (ja) in einem Winkel des Gartens waren, sahen die Sünde und eilten zu ihnen hin und sahen, dass diese in gleicher Weise (= zugleich) miteinander schliefen. Jenen konnten wir zwar nicht ergreifen (festhalten), weil er stärker war als wir und weil er, nachdem er die Tore geöffnet hatte (eig.: nachdem die Tore geöffnet worden waren), hinauslief. Wir sind (aber) Zeugen dieser Sache (= Diese Angelegenheit bezeugen wir)."

1.
a) Präfix in- („hinein-") + gradi („gehen")
b) Präfix dis- („weg") + mittere („schicken")
c) Präfix con- („zusammen") + cubare („schlafen")
2.
Die beiden Alten behaupteten, Susanna habe die Mädchen weggeschickt und den Garten versperrt; ein junger Mann sei gekommen und habe mit ihr geschlafen; als sie dies gesehen haben, seien sie herbeigelaufen, der junge Mann sei aber entkommen.

Catull

1. Unsterbliche Liebe

S. 120 f.

A Wir gegen den Rest der Welt

Lass uns leben, meine Lesbia, und (lass uns) lieben
und (lass uns) alle Gerüchte der allzu strengen Alten für einen As halten (= für unwichtig halten)!
Sonnen können untergehen und wiederkehren:
Wir müssen, wenn einmal das kurze Licht untergegangen (erloschen) ist,
eine einzige ewige Nacht (durch)schlafen.
Gib mir tausend Küsse, dann hundert,
dann weitere tausend, dann nochmals hundert,
dann nochmals weitere tausend, dann hundert!
Dann, wenn wir viele tausend (Küsse) gegeben haben,
werden wir jene durcheinandermischen, damit wir (ihre Anzahl) nicht wissen
oder (= und) damit kein Böser neidisch sein kann,
wenn er weiß, dass es so viele Küsse sind.

1.
occidere („untergehen") – redire („wiederkehren") (V. 4)
brevis („kurz") – perpetua („ewig") (V. 5 f.)
lux („Licht") – nox („Nacht") (V. 5 f.)
2.
vivere – amare
3.
a) Konsonant: S
b) Das „Zischeln" der Alten, also die Gerüchte, die sie verbreiten.

B Küsse ohne Ende

Du fragst, Lesbia, wie viele deiner Küsse mir
genug sind und übergenug (= mehr als genug):
Eine wie große Zahl (= wie viel) des libyschen Sandes in
Kyrene, das reich an Lasarpicium ist,
zwischen dem Orakel des glühend heißen Jupiter
und der heiligen Grabstätte des alten Battus liegt,
oder wie viele Sterne, wenn die Nacht schweigt,
die heimlichen Liebschaften der Menschen sehen:
So viele Küsse dich zu küssen (= dir zu geben)
ist dem verrückten Catull genug und übergenug (= mehr
als genug),
(so viele Küsse), die die Neugierigen weder durchzählen
noch mit böser Zunge (= mit bösen Worten) verhexen
können.

1.

a) sint satis superque (V. 2), sacrum sepulcrum (V. 6)
b) lasarpiciferis – Cyrenis (V. 4), Iovis inter aestuosi (V. 5);
furtivos – amores (V. 8), vesano – Catullo (V. 10), mala –
lingua (V. 12)

S. 122 f.

C Lesbias liebster Spielgefährte

Oh Sperling, Liebling meines Mädchens,
mit dem sie zu spielen, den sie an ihren Busen zu halten,
dem sie, wenn er es will, die Fingerspitze zu geben
und den sie zu heftigen Bissen zu reizen pflegt,
wenn es meinem strahlenden Schatz
beliebt (Vergnügen bereitet), einen netten Scherz zu trei-
ben
und einen kleinen Trost für ihren Schmerz (zu finden)
(ich glaube, damit dann die schwere Leidenschaft zur Ruhe
kommt):
Könnte ich (doch) mit dir spielen wie sie selbst
und die traurigen Sorgen meines Herzens (eig.: des Geistes)
lindern!

1.

a) solaciolum sui (V. 7)
b) cui – appetenti (V. 3), acris – morsus (V. 4), gravis – ardor
(V. 8), tristis – curas (V. 10)
2.
a) R; b) F; c) R; d) F

D Der Spatz ist tot!

Trauert, all ihr Gottheiten der Liebe
und was es an anmutigen Menschen gibt:
Der Sperling meines Mädchens ist tot,
der Sperling, der Liebling meines Mädchens,
den jene mehr als ihre (eigenen) Augen liebte.
Denn er war honigsüß (allerliebst) und kannte seine
Herrin so gut wie ein Mädchen die Mutter,
und er bewegte sich nicht aus dem Schoß von jener (weg),
sondern piepste, bald hierhin, bald dorthin herumhüpfend,
fortwährend zur Herrin allein (= nur zu seiner Herrin).
Dieser geht nun auf dem dunklen Weg
dorthin, von wo man sagt, dass niemand (eig.: dass nicht
irgendjemand) zurückkehrt.
Aber euch möge es schlecht bekommen, böse Schatten
(eig.: Finsternis)

des Orkus, die ihr alles Hübsche (Schöne) verschlingt:
Einen so hübschen Sperling habt ihr mir geraubt!
Oh üble Tat! Oh armer Sperling!
Deinetwegen röten sich nun
die vom Weinen geschwollenen Augen (eig.: Äuglein) mei-
nes Mädchens.

1.

V. 1–5: Anlass der Trauer
V. 6–10: positive Erinnerungen an den Spatz
V. 11–15: Verfluchung der Unterwelt
V. 16–18: Lesbias Trauer um den Vogel
2.
V. 4: passer, deliciae meae puellae

E Wer ist die Schönste?

Quintia ist für viele schön. Für mich ist sie strahlend (weiß),
rank (eig.: groß) und schlank: Das (eig.: Dies) gebe ich im
Detail (im Einzelnen) so zu. Jenes Gesamturteil (eig.: Ganze)
„schön" leugne ich (aber): Denn kein Liebreiz, (und) kein
Körnchen Charme ist in dieser so großen Gestalt (eig.: in
dem so großen Körper).
Lesbia ist (wirklich) schön: Diese ist (sowohl) als Ganze (in
ihrer Gesamtheit) die Schönste und hat als Einzige allen
(anderen Frauen) alle Reize geraubt.

1.

Quintia wird von vielen schön genannt. Catull findet, sie
habe hellen Teint, sei groß und schlank, aber nicht schön;
sie habe keinen Liebreiz und Charme; Lesbia dagegen sei
als Ganze schön.
2.
a) Totum illud „formosa" nego. – Lesbia formosa est.
(V. 3/5)
b) nulla … nulla (V. 3 f.)
c) + d) candida, longa, recta (V. 1 f.)

2. Eifersüchtige Liebe

S. 124 f.

A Du raubst mir den Verstand, aber …

Jener scheint mir einem Gott gleich zu sein,
jener, wenn es erlaubt (zu sagen) ist, (scheint mir) die Götter
zu übertreffen,
der dir gegenübersitzend dich immer wieder
ansieht und (dich) hört, wenn du süß lachst, was mir
Elendem (Bedauernswertem)
alle Sinne raubt: Denn sobald ich dich,
Lesbia, angesehen habe, ist (bleibt) mir nichts von meiner
Stimme übrig,
sondern die Zunge stockt, eine zarte Flamme strömt
(in) die Glieder hinab, die Ohren rauschen durch ihren eigenen Klang,
beide Augen werden von der Nacht bedeckt.
Muße, Catull, ist dir (= für dich) beschwerlich:
Durch die Muße bist du maßlos und begehrst allzu viel.
Muße hat schon früher Könige und glückliche (wohlhaben-
de) Städte zugrunde gerichtet.

1.

Anapher (Ille … ille bzw. Otium … otio … otium)

2.

- Gemeinsamkeiten: Der Gegenübersitzende scheint den Göttern gleich zu sein; die Angesprochene lacht; der Sprecher verstummt; es wird ihm ganz heiß, er sieht nichts mehr, die Ohren rauschen.

- Unterschiede: Catull nennt die Angesprochene (Lesbia) mit dem Namen; in der letzten Strophe beschreibt Sappho weiterhin die Auswirkungen des Anblicks (Zittern, bleich), während Catull plötzlich auf das „otium" zu sprechen kommt.

B Wer schimpft, liebt

Lesbia redet immer schlecht von mir und schweigt niemals (eig.: und nicht … jemals) über mich:
Ich will tot umfallen, wenn Lesbia mich nicht liebt.
An welchem Zeichen (ich dies erkenne)? Weil es mir auch so geht: Ich verfluche jene ununterbrochen, aber ich will tot umfallen, wenn ich (sie) nicht liebe.

1.

Lesbia; Catull; Catull jeweils beteuert, dass er tot umfallen will: wenn sie ihn nicht liebt (V. 2) bzw. wenn er sie nicht liebt (V. 4)

C Dreiecksverhältnis

Lesbia sagt in Gegenwart ihres Mannes sehr viel Schlechtes über mich (eig.: mir):
Dies bereitet (eig.: ist) jenem Trottel die größte Freude.
(Du) Esel, bemerkst du nichts? Wenn sie, ohne an mich zu denken, schweigen würde,
wäre sie nicht verliebt: Weil sie jetzt keift und schimpft, erinnert sie sich nicht nur an mich, sondern (das ist eine viel heftigere Sache!) sie ist wütend. Das heißt: Sie glüht (= brennt vor Liebe) und (deshalb) spricht sie.

1.

a) F; b) R; c) R; d) F

D Ewige Liebe?

Mein Leben, du stellst mir in Aussicht, dass diese unsere Liebe
zwischen uns freudvoll und ewig sein wird.
Ihr großen Götter, macht, dass sie (das) wirklich (aufrichtig) versprechen kann
und es aufrichtig und von Herzen sagt,
sodass (damit) es uns erlaubt ist,
diesen ewigen Bund der heiligen Freundschaft ein ganzes Leben lang fortzuführen!

1.

V. 1–2: Lesbia verspricht ewige Liebe.
V. 3–4: Catull bittet die Götter, dass Lesbia es ehrlich meint.
V. 5–6: Catull stellt sich vor, sein ganzes Leben mit Lesbias Liebe zu verbringen.

3. Enttäuschte Liebe

S. 126 f.

A Einst und jetzt / 1

Einst sagtest du, Lesbia, dass du nur Catull kennst,

und dass du nicht (einmal) Jupiter statt mir haben willst (wolltest).
Damals habe ich dich nicht so sehr geliebt, wie das Volk (eig.: die Menge) eine Freundin,
sondern wie der Vater den Sohn und den Schwiegersohn liebt.
Nun habe ich dich kennengelernt (= nun kenne ich dich): Auch wenn ich deshalb heftiger brenne,
bist du mir dennoch um vieles wertloser und unbedeutender.
Wie ist das möglich, sagst du? Weil derartiges Unrecht den Liebenden
zwingt, mehr zu lieben, aber weniger Achtung zu haben.

1.

velle tenere (V. 2), dilexi / diligit (V. 3/4), uror (V. 5), amantem / amare (V. 7/8); bene velle (V. 8)

2.

a) quondam, tum, nunc
b) uri und amare; diligere und bene velle
c) iniuria talis cogit amare magis

B So weit ist es mit mir gekommen!

Hierhin ist mein Herz (eig.: Geist) durch deine Schuld, Lesbia, geführt worden
und hat sich durch seine eigene Ergebenheit (Pflichterfüllung) selbst so zugrunde gerichtet,
dass es nicht mehr Achtung vor dir haben kann, (auch) wenn du die Beste (= fehlerlos) werden solltest, und (dass es) nicht aufhören kann (dich) zu lieben, (auch) wenn du alles (Erdenkliche) machen solltest (= egal, was du auch machen würdest).

1.

a) sich bessert; alles (Schlechte) macht
b) tua; mea

C Einst und jetzt / 2

Armer Catull, du sollst aufhören, verrückt zu sein,
und sollst das, was du als verloren siehst, für verloren halten.
Einst leuchteten dir helle Sonnen(tage),
als du (dorthin) kamst, wohin dich das Mädchen führte,
das von mir (eig.: uns) geliebt worden ist, wie sehr keines (je) geliebt werden wird.
Als dort jene vielen Liebesneckereien (= Liebesspiele) geschahen (stattfanden),
die du wolltest und das Mädchen auch wollte (eig.: und nicht nicht wollte),
leuchteten dir wirklich (wahrlich) helle Sonnen(tage).
Nun will jene nicht mehr: Wolle auch du nicht, Schwächling, und laufe ihr, die flieht, nicht nach und lebe nicht wie ein Armer,
sondern halte hartnäckig (eig.: mit hartnäckigem Geist) durch, sei hart!
Leb wohl, Mädchen, schon ist Catull hart,
weder wird er dich aufsuchen noch gegen deinen Willen fragen.
Aber du wirst Schmerz empfinden, wenn du überhaupt nicht (mehr) gefragt (werden) wirst.
Unselige, wehe dir, welches Leben bleibt dir?

Wer wird dich nun aufsuchen? Wem wirst du (als) schön erscheinen?

Wen wirst du nun lieben? Wessen Geliebte wirst du genannt werden?

Wen wirst du küssen? Wem wirst du die Lippen (wund)beißen?

Aber du, Catull, sei entschlossen (und) hart!

1.

V. 1–2: Aufforderung an sich selbst, mit der Vergangenheit abzuschließen

V. 3–8: Erinnerung an die Vergangenheit

V. 9–11: Aufforderung an sich selbst, hart zu bleiben

V. 12–18: Abschied von Lesbia

V. 19: Aufforderung an sich selbst, hart zu bleiben

2.

Thema: vergangene Liebe; beide behaupten, die Frau nicht mehr zu lieben; am Ende des Gedichtes bzw. Liedes zeigt sich aber, dass die Liebe noch immer da ist.

4. Hassliebe

S. 128 f.

A Vergebliche Liebesmüh

Keine Frau kann wahrhaft (mit Recht) sagen, dass sie so sehr geliebt worden ist,

wie meine Lesbia von mir geliebt worden ist.

Keine Treue ist jemals in irgendeinem (Liebes-)Bund so groß gewesen,

wie sie in der Liebe zu dir auf meiner Seite (= von mir) empfunden wurde.

1.

a) Lesbia, ihm

b) Treue

B Resignation

Meine Frau sagt, dass sie sich keinem lieber hingeben wolle als mir, nicht (einmal), wenn Jupiter selbst sie begehren sollte.

Sie sagt es: Aber was eine Frau einem leidenschaftlichen Liebenden sagt,

muss man in den Wind und ins reißende Wasser schreiben.

1.

Lesbia behauptet, sich keinem Mann lieber hingeben zu wollen als Catull, nicht einmal Jupiter. Catull meint aber, dass sie das nur sage: Denn was eine Frau einem Verliebten sage, könne man in den Wind schreiben.

2.

a) dicit

b) Weil Catull damit Lesbias Äußerung als Lüge darstellt, was auch im folgenden Satz behandelt wird.

C Wie tief bist du gesunken!

Caelius, meine Lesbia, jene Lesbia,

jene Lesbia, die Catull als Einzige

mehr als sich selbst und all die Seinen geliebt hat,

saugt jetzt an Wegkreuzungen und in engen Gassen

die Enkel des erhabenen Remus aus.

1.

Die Anapher von Lesbia in V. 1 + 2

2.

Chiasmus

3.

Catull schreibt, Lesbia würde an Wegkreuzungen und in engen Gassen Männer „aussaugen"; bei Wilder heißt es, sie würde auf der Straße tröstenden, wenngleich nicht lohnenden Anschluss suchen.

D Abschied

Meldet meinem Mädchen wenige,

nicht gute Worte (= ein paar böse Worte):

Sie soll leben und wohlauf sein mit ihren Ehebrechern,

von denen sie dreihundert zugleich umarmt hält,

keinen wirklich liebend, aber

immer wieder den Unterleib aller strapazierend;

und sie soll nicht, wie zuvor, meine Liebe erwarten,

die durch ihre Schuld (eig.: die Schuld jener) dahinsank (gleich) wie eine Blume am Wiesensaum (Wiesenrand),

nachdem sie vom vorbeifahrenden Pflug berührt (= geknickt) wurde.

E Die Bilanz

Ich hasse und liebe (zugleich). Warum ich dies tue, fragst du vielleicht.

Ich weiß es nicht, aber ich fühle, dass es geschieht, und werde gequält.

1.

Übersetzung c) ist dem Original am nächsten.

2.

Es sind größtenteils Verba.

Ovid

Pyramus und Thisbe

S. 130 f.

A Verbotene Liebe

Pyramus und Thisbe, der eine der schönste der jungen Männer, die andere bevorzugt vor den Mädchen, die der Orient (vorzuweisen) hatte, bewohnten benachbarte Häuser, (dort) wo Semiramis die erhabene (hochgebaute) Stadt mit Backsteinmauern umgeben haben soll. Die Nachbarschaft bewirkte (eig.: machte) Bekanntschaft und die ersten Schritte, mit der Zeit wuchs die Liebe; und sie hätten sich auch nach dem Recht der Hochzeitsfackel vereinigt (= rechtmäßig verheiratet), aber die Väter verboten es. Was sie nicht verbieten konnten: Gleichermaßen brannten sie beide mit liebeserfüllten (eig.: erfassten) Herzen.

1.

HS: Pyramus et Thisbe, iuvenum pulcherrimus alter, altera … praelata puellis … contiguas tenuere domos

GS: quas Oriens habuit

GS: ubi dicitur

sK: altam coctilibus muris cinxisse Semiramis urbem.

2.

a) cinxisse (V. 4), b) crevit (V. 6), c) ardebant (V. 8)

B Heimliche Gespräche

Oft, sobald sie sich hingestellt hatten, Thisbe hier, dort Pyramus, sagten sie: „Neidische Wand, was stehst du den Liebenden im Wege? Was wäre schon dabei, dass du zulässt, dass wir uns mit dem ganzen Körper verbinden (eig.: pass.: dass wir … vereinigt werden), oder, wenn das allzu viel (verlangt) ist, dass du wenigstens zum Küssen (eig.: um Küsse zu geben / zum Küsse-Geben) offenstehst? Wir sind auch (besser: aber) nicht undankbar: Wir gestehen, dass wir es dir verdanken, dass unseren Worten ein Weg zu den Ohren des Freundes [= der Geliebten und des Geliebten] gegeben ist!"

Nachdem sie solches von getrennter Stelle (= von verschiedenen Wohnsitzen) aus vergeblich gesprochen hatten, sagten sie bei Einbruch der Nacht (eig.: vor der Nacht) „Leb wohl!" und beide gaben ihrer Seite (der Wand) Küsse, die nicht auf die andere Seite gelangten.

1.
a) neidisch
b) mit ganzem Körper zu vereinen, küssen
c) dankbar, reden
d) küssen

C Nächtliches Treffen

Nachdem sie die Tür geöffnet hatte, ging die schlaue Thisbe in der (eig.: durch die) Dunkelheit hinaus, (und) täuschte ihre Angehörigen und gelangte mit verhülltem Gesicht zu dem Grabhügel und saß unter dem besagten Baum. Die Liebe machte sie mutig. Siehe, da kam eine Löwin, das schäumende Maul beschmiert mit frischem (Mord-)Blut von Rindern, um ihren Durst im (mit dem) Wasser einer benachbarten Quelle zu stillen. Diese sah die Babylonierin Thisbe in der Ferne im Mondschein (eig.: bei den Strahlen des Mondes) und floh furchtsamen Schrittes in eine dunkle Höhle, und während sie flüchtete, ließ sie den von ihrem Rücken herabgeglittenen Schleier zurück. Als die wilde Löwin ihren Durst mit viel Wasser gestillt hatte, zerriss sie, während sie in die Wälder zurückkehrte, den dünnen Umhang [eig.: Pl.], den sie zufällig ohne sie [= Thisbe] selbst gefunden hatte, mit ihrem blutigen Maul.

1.
a) pervenit (V. 3), b) venit (V. 4), c) inventos (V. 11)
2.
a) sie saß unter dem genannten Baum
b) die Liebe machte sie mutig

S. 131

Wusstest du eigentlich …
Chiasmus

S. 132 f.

D Ein verhängnisvoller Irrtum

Sobald Pyramus aber auch den blutbenetzten Umhang (= das mit Blut getränkte Kleidungsstück) gefunden hatte, sagte er: „Eine (einzige) Nacht wird zwei Liebende, von denen jene wohl ein langes Leben sehr verdient hätte (eig.: jene sehr würdig eines langen Lebens gewesen wäre), vernichten. Meine (eig.: unsere) Seele ist schuldbeladen! Ich

habe dich [= Thisbe], Beklagenswerte, getötet, da (eig.: der) ich dir befohlen habe, in der Nacht in diese Gegend voller Gefahr (eig.: Furcht) zu kommen, und der ich nicht als Erster hierhergekommen bin! Zerfleischt meinen (eig.: unseren) Körper und verzehrt die verfluchten Eingeweide mit wildem Biss, oh all ihr Löwen, die ihr unter diesem Felsen wohnt! Aber es ist ein Zeichen von Furcht, den Tod (nur) zu wünschen!" Er hob den Schleier Thisbes auf, trug ihn mit sich zum Schatten des vereinbarten Baumes und, sobald er das bekannte Kleidungsstück beweint und geküsst hatte (eig.: und als er dem bekannten Kleidungsstück Tränen und Küsse gegeben hatte), sagte er: „Empfange (= Nimm) nun auch einen Schluck [eig.: Pl.] von meinem (eig.: unserem) Blut!" Er stieß das Schwert, mit dem er umgürtet war, in seine Eingeweide und unverzüglich zog er es sterbend aus der brennenden Wunde.

1.
V. 1–8: Pyramus findet Thisbes Gewand, macht sich Vorwürfe, an ihrem Tod schuld zu sein, und wünscht sich ebenfalls den Tod.
V. 9–12: Pyramus entschließt sich, Selbstmord zu begehen.
V. 13–14: Pyramus begeht Selbstmord.

E Thisbes Abschied von Pyramus

„Pyramus", rief sie, „welches Unglück (= welcher Schicksalsschlag) hat dich mir weggenommen? Pyramus, antworte! Deine liebste Thisbe ruft dich! Höre und hebe dein gesenktes Gesicht!" Bei dem Namen Thisbe schlug Pyramus die schon durch den Tod schweren Augen auf und schloss sie wieder, als er jene gesehen hatte. Nachdem diese ihr Kleidungsstück erkannt und die elfenbeinerne Schwertscheide ohne (eig.: leer vom) Schwert gesehen hatte, sagte sie: „Deine Hand und deine Liebe haben dich zugrunde gerichtet, Unglücklicher! Auch ich habe eine Hand, die für dies Eine stark ist, und (auch) ich habe die Liebe (in mir): Diese wird (mir) die Kraft [eig.: Pl.] für den Todesstoß geben!"

1.
„Pyrăme," clamavit, „quis te mihi casus ademit?
Pyrăme, responde! Tua te carissima Thisbe
nominat! Exaudi vultusqu(e) attolle iacentes!"
2.
a) exaudi (V. 3)
b) visa / vidit (V. 5/7)
c) cognovit (V. 6)

F Thisbes letzter Wille

„Lasst euch dennoch mit den Worten beider (= von uns beiden) darum bitten, oh sehr unglückliche (unglücklichste) Eltern – von mir und von ihm (eig.: von jenem) –, dass ihr nicht missgönnt, dass diejenigen, die eine sichere Liebe, (und) die die letzte Stunde verbunden hat, im selben Grab bestattet werden. Du aber, Baum, der du mit deinen Zweigen jetzt den beklagenswerten Körper eines Einzigen bedeckst, wirst bald die (Körper) von zweien bedecken: Bewahre die Zeichen des Blutes (eig.: Blutbads) und trage immer dunkle, zur Trauer passende Früchte, als Andenken an das doppelt vergossene Blut!"
(So) sprach sie und stürzte sich, nachdem sie unten an der

Brust das Schwert angelegt (angesetzt) hatte, in das Schwert, das noch warm vom Blut war. Die Wünsche rührten dennoch die Götter, (und sie) rührten die Eltern: Denn die Farbe an der Frucht ist, sobald sie reif geworden ist, schwarz, und was von den beiden Scheiterhaufen übrig ist, ruht in einer einzigen Urne.

1.
a) multum miseri (V. 2), tamen tetigere (V. 11)
b) quos … quos (V. 3)
c) nunc tegis unius, mox es textura duorum (V. 6)
d) ferro (V. 10)
2.
mögliche Inhalte:
- Ihre und Pyramus' Eltern mögen ihren letzten Wunsch erfüllen.
- Sie und Pyramus waren in Liebe verbunden.
- Sie möchte mit ihm im selben Grab bestattet werden.
- Die Früchte des Maulbeerbaumes sollen immer an ihren Tod erinnern.

Hygin und Ovid

Betrügerische Liebe

S. 134 f.

A Die Inhaltsangabe

Als Vulkan erfuhr, dass Venus mit Mars heimlich schlief und dass er sich dessen Stärke nicht entgegenstellen konnte, stellte er eine Kette aus Stahl her (eig.: machte er …) und legte sie rings um das Bett aus, um Mars mit einer List zu täuschen. Als jener zum Rendezvous gekommen war, geriet (eig.: fiel) er gemeinsam mit Venus in die Schlingen, sodass er sich nicht losmachen (= befreien) konnte. Nachdem Sol dies Vulkan gemeldet (verkündet) hatte, sah jener diese nackt (im Bett) liegen; er rief alle Götter zusammen. Sobald diese das [= die peinliche Lage/Angelegenheit] sahen, lachten sie. Seitdem hielt die Scham Mars davon ab, dies zu tun (= dass er das tat).

Aus diesem Beischlaf entstand Harmonia, der Minerva und Vulkan ein Gewand zum Geschenk gaben, das mit Frevel (eig.: Verbrechen) vergiftet war. Venus aber war Sol wegen des Verrates bis zu dessen Nachkommenschaft immer feindlich gesinnt.

1.
a) Vulkan
b) Mars
c) Mars
d) Mars
e) Mars und Venus
f) alle Götter

B Die dichterische Ausgestaltung

(Die einzusetzenden Wörter des Lückentextes sind unterstrichen.)

Als erster soll dieser Gott (= Sol) den Ehebruch der Venus mit Mars gesehen haben. Sieht doch dieser Gott alles als Erster. Die Tat schmerzte ihn und er zeigte dem Ehemann,

Junos Sohn, das Schäferstündchen und den Ort, an dem es stattfand. Der aber verlor sowohl den Verstand als auch das Werkstück, das er in der schmiedekundigen Hand hielt. Alsbald feilt er Ketten aus Erz zurecht, Netze und Schlingen, so fein, dass sie das Auge täuschen können (diese Arbeit übertreffen nicht einmal hauchdünne Gewebe, ja nicht einmal die Spinnwebe, die ganz oben am Balken hängt). Er bewirkt auch, dass sie leichten Berührungen und kleinen Bewegungen nachgeben, und legt sie kunstvoll rings um das Bett aus.

Sobald nun die Ehefrau und der Ehebrecher auf ein und demselben Lager zusammengekommen sind, werden sie durch die Kunst des Mannes und durch die neuartigen Fesseln beide mitten in den Umarmungen ertappt und sind gefangen. Im Nu hat der Lemnier (= Vulkan) die elfenbeinernen Türflügel geöffnet und die Götter eingelassen. Jene aber lagen schimpflich verstrickt – und einer von den erheiterten Göttern möchte gern auf solche Weise in Schimpf und Schande geraten! Die Götter lachten, und lange war diese Geschichte im ganzen Himmel die bekannteste.

Übersetzung nach: Michael von Albrecht, P. Ovidius Naso. Metamorphosen (Lat./Dt.), Philipp Reclam jun., Stuttgart 1994.

1.
a) venere (V. 12) = venerunt (sie kamen)
b) iacuere (V. 16) = iacuerunt (sie lagen)
c) risere (V. 18) = riserunt (sie lachten)

A + B
1.
(Sol) marito furta tori furtique locum monstravit.
→ Vulcanus … resciit Venerem cum Marte clam concumbere (Z. 1)
graciles ex aere catenas … elimat → catenam ex adamante fecit (Z. 2)
Ut venere torum coniunx et adulter in unum
→ Ille … concidit cum Venere in plagas (Z. 3 f.)
inmisitque deos → deos omnes convocavit (Z. 5)
Superi risere → Qui ut viderunt, riserunt (Z. 5)

Apuleius

Märchenhafte Liebe

S. 136 f.

A Die wunderschöne Psyche

Es waren einmal in einer Stadt ein König und eine Königin. Diese hatten drei aufgrund ihrer Gestalt ansehnliche (attraktive) Töchter. Die (beiden) Älteren freilich konnten, obwohl von anmutigstem Aussehen, dennoch (nur) mit menschlichen Lobsprüchen in geeigneter Weise gefeiert werden. Doch die so außerordentliche, so herrliche Schönheit des jüngeren Mädchens konnte man weder durch menschliche Rede ausdrücken noch sonstwie (eig.: freilich) ausreichend (angemessen) loben (= konnte weder … ausgedrückt noch … gelobt werden).

Und schon war in die nächstliegenden Städte und angrenzenden Gegenden das Gerücht vorgedrungen (gelangt), dass sich eine Göttin, welche die blaue Tiefe des Meeres hervorbrachte, inmitten der Versammlungen des Volkes

(= mitten unter den Menschen) aufhalte. Nach Paphos segelte niemand, nach Knidos niemand und nicht einmal nach Kythera selbst zum Anblick der Göttin Venus; die Heiligtümer wurden (eig.: werden) verlassen, die Tempel entehrt und die Feierlichkeiten vernachlässigt.

1.
a) Paphon …, Cnidon … Cythera (Z. 8); sacra deseruntur, templa deformantur, caerimoniae negleguntur (Z. 9 f.)
b) sacra deseruntur, templa deformantur, caerimoniae negleguntur (Z. 9 f.)
c) tam … tam (Z. 3)
d) profundum pelagi peperit (Z. 7)

B Psyches geheimnisvoller Lover

Die Nacht war da, und der Ehemann war zugegen und in tiefen Schlummer gefallen. Da (dann) sah (eig.: sieht) Psyche, nachdem sie eine Öllampe hervorgeholt hatte [eig. passiv], eben jenen Cupido [= Amor], den anmutigen, in anmutiger Weise (da)liegenden Gott, bei (eig.: durch) dessen Anblick auch das Licht der Lampe vor Entzücken aufflammte.

So verfiel Psyche nichtsahnend von selbst in Liebe zu Amor (= verliebte sich Psyche … in Amor). Doch während sie, erregt durch so großes Glück, mit verletztem Gemüt (Herz) nicht stillhielt, ließ jene Öllampe von der Spitze ihres Dochtes (eig.: Lichtes) einen Tropfen siedenden Öles auf die rechte Schulter des Gottes fallen. Der so versengte (eig.: verbrannte) Gott sprang auf und entwich (eig.: flog … davon) sofort schweigend (wortlos) den Küssen und Händen der überaus unglücklichen Gattin.

1.
Gemeinsamkeiten: Es ist Nacht; Psyche sieht Amors Bogen und Pfeile; sie betrachtet ihn.
Unterschiede: Wachs (und kein Öl) tropft auf Amors Bauch (und nicht auf die Schulter).

C Das Happy End

„Ihr alle kennt diesen jungen Mann. Er hat ein Mädchen erwählt: Er soll es (be)halten, besitzen und immer seine Geliebte genießen." Und zu Venus sagte er: „Auch du, Tochter, sollst nicht traurig sein und nicht wegen der Ehe mit einer Sterblichen um seinen [= Amors] Stand fürchten. Ich werde nun (eig.: schon) eine nicht ungleiche, sondern gesetzmäßige und dem bürgerlichen Recht entsprechende Ehe (Hochzeit) stiften." Und er befahl (eig.: befiehlt), dass Psyche sofort mithilfe von Merkur gepackt und in den Himmel überführt (gebracht) werde. Nachdem er ihr einen Becher Ambrosia gereicht hatte, sagte er: „Nimm, Psyche, auch du sollst unsterblich sein, und niemals (eig.: nicht jemals) wird sich Cupido aus der Verbindung mit dir (eig.: deiner Verbindung) entfernen, sondern dies wird für euch eine ewig fortdauernde Ehe sein."

So kam Psyche rechtmäßig in die Macht des Cupido, und es wurde ihnen (eig.: wird jenen) eine Tochter geboren, die wir Voluptas („Lust") nennen.

Enea Silvio Piccolomini

Emanzipierte Liebe

S. 138 f.

A Heiße Tipps für den Lover

„Nachts suchst du mich, aber nachts hat (besitzt) mich mein Ehemann:
Das Recht des Ehemannes [eig.: Pl.] zu verletzen, glaube mir, (ist) ein Unrecht!
Jener verbringt den ganzen Tag auf dem Acker (Feld) des Vaters.
Warum begehrst du mich in der Nacht, obwohl du (doch) die Zeit des Tages(lichtes) (zur Verfügung) hast?
Vielleicht scheust du dich auch davor, ganz und nackt gesehen zu werden?
Mir kann keine Liebe in der Dunkelheit gefallen.
Was nützt es, dass die Mädchen in der Nacht schön sind?
Oft war ein für jung gehaltenes Mädchen (dann bei Tageslicht) eine hässliche Greisin.
Wenn du mir daher mehr gefallen willst, komm bei Tageslicht:
Denn in der Dunkelheit empfinde ich (eig.: ist mir) keine Zuneigung zu dir!"

1.
noctu / nocte (V. 1/4) – diem (V. 3)
puellas / iuvenis (V. 7/8) – anus (V. 8)
formosas (V. 7) – turpis (V. 8)
luce (V. 9) – tenebras (V. 10)
2.
a) nocte – tempora lucis (V. 4)
b) patrio … in agro (V. 3)
c) tenebrosa … venus (V. 6)
d) Quid prodest … (V. 7)
3.
a) er verbringt
b) du suchst auf
4.
A – C – E – F
5.
Der Liebhaber möge nicht nachts kommen, das sei das Recht ihres Gatten. – Untertags sei er aber auf den Feldern. – Fürchte er sich etwa, bei Licht gesehen zu werden? – Schon oft habe sich ein vermeintlich hübsches Mädchen bei Tageslicht als hässliche Alte erwiesen. – Also möge er bei Tageslicht kommen.

Ovid

1. Liebesratgeber: Tipps für die Männer

S. 140 f.

A Der erfolgreiche Liebhaber

Zuerst bemühe dich zu finden, was du lieben willst,
der du nun zum ersten Mal als Soldat die neuen Waffen anlegst (eig.: in die neuen Waffen kommst).
Die auf diese (eig.: dieser) folgende Aufgabe (eig.: Arbeit) ist es, das begehrte Mädchen zu umwerben:
Die dritte Aufgabe ist (es), dass die Liebe lange Zeit andauert.

B Rom als ideales Jagdrevier

Solange es erlaubt ist und du mit lockeren Zügeln herumgehen kannst,

wähle ein Mädchen aus, zu dem du sagst (sagen kannst): „Du allein gefällst mir!"

Dieses wird dir nicht durch die zarten Lüfte herabgefallen kommen (= nicht vom Himmel herabfallen):

Mit deinen (eigenen) Augen musst du ein passendes Mädchen suchen!

Der Jäger weiß gut, wo er den Hirschen (für die Hirsche) die Netze ausspannt,

er weiß gut, in welchem Tal sich der wütende Eber aufhält.

Den Vogelfängern sind die Büsche bekannt. Wer die Angelhaken (ins Wasser) hält,

weiß, welche Gewässer von vielen Fischen [eig.: Sg.] wimmeln (voll sind).

Auch du, der du den Stoff für eine lange Liebe suchst,

lerne vorher, an welchem Ort Mädchen in großer Zahl sind (es … gibt)!

Und Rom wird dir so viele und so schöne Mädchen geben, dass du sagst: „Diese (Stadt) hat, was auch immer es auf der Erde (je) gegeben hat."

Wie viele Felder Gargara hat, wie viele Trauben Methymna hat,

wie viele Fische vom Meer, (wie viele) Vögel von Laub bedeckt (verborgen) werden,

wie viele Sterne der Himmel hat, so viele Mädchen hat dein Rom:

Die Mutter ließ sich in der Stadt ihres Äneas nieder.

Die Ars Amatoria des Ovid

Wer in diesem Volk die Kunst zu lieben nicht kennt,

lese dies und liebe, belehrt durch das gelesene Gedicht!

Durch Kunst werden schnelle Schiffe von Segel und Ruder bewegt,

durch Kunst schnelle Wägen: Durch Kunst ist die Liebe zu lenken.

1.

B – A – D – C

2.

a) Jagd, Jägers, Vogelfängers, Fischers

b) Fische, Vögel, Sterne

C Anbandeln im Theater

Aber du jage besonders in den runden Theatern:

Diese sind ziemlich fruchtbare Orte für deinen Wunsch!

Dort wirst du finden, was du lieben (könntest), womit du flirten (könntest),

was du einmal berühren könntest und was du festhalten wollen könntest (= willst).

Wie die zahlreichen Ameisen [eig.: Sg.] in einem langen Zug gehen und zurückkehren,

wenn sie mit Körner schleppendem Maul die gewohnte Nahrung tragen,

oder wie die Bienen, nachdem sie ihre Wälder und die duftenden Wiesen erreicht haben,

über (um) die Blumen und die Spitzen des Thymian fliegen,

so eilt die sehr elegante Frau zu den gut besuchten Spielen:

Die Menge [der Frauen] hat mein Urteilsvermögen (schon) oft behindert.

Sie kommen, um (das Schauspiel) zu sehen, sie kommen, um selbst gesehen zu werden:

Jener Ort bringt Schaden für den keuschen Anstand (eig.: für die keusche Scham).

1.

a), e), f)

S. 142 f.

D Anbandeln beim Pferderennen

Und es soll dir nicht das Wettrennen der edlen Pferde entgehen:

Der viele Leute fassende Circus hat viele Vorteile!

Man benötigt keine Finger, durch die du heimliche Zeichen gibst (geben könntest),

auch musst (brauchst) du keine Botschaft durch Kopfnicken empfangen:

Sitz ganz nahe bei der Herrin, während dich keiner daran hindert (= ohne dass dich jemand daran hindert),

schmiege deine Seite immer an ihre Seite, soweit du kannst!

Hier soll von dir der Beginn eines gemeinschaftlichen Gespräches gesucht werden,

und Smalltalk soll (ihr) die ersten Worte entlocken.

Frag eifrig (eig.: Mach, dass du eifrig fragst), wessen Pferde (jetzt) kommen:

Und klatsche sofort (dem) zu, wer auch immer es sein wird, dem jene zuklatscht!

Aber wenn der dicht gedrängte Festzug mit den Göttern aus Elfenbein aufmarschiert (eig.: geht),

applaudiere du unserer Herrin Venus mit begeisterter Hand.

Und wie es so oft passiert, wenn zufällig Staub in den Schoß des Mädchens

fällt, wird man ihn mit den Fingern fortwischen müssen:

Auch wenn kein Staub (da) ist (da sein wird), dann wische dennoch keinen (= den nicht vorhandenen) fort:

Jeder Grund möge (soll) für deinen Dienst [= dein Vorhaben] geeignet (recht) sein!

Wenn der weit (eig.: allzu) herabhängende Mantel auf der Erde liegt,

ergreife (ihn) und hebe ihn eifrig vom schmutzigen Boden auf!

Sofort, als Lohn für deinen Dienst, werden deinen Augen die Beine (des Mädchens) zur Betrachtung offenstehen (= wirst du die Beine des Mädchens sehen dürfen), während (wenn) das Mädchen (dies) zulässt.

Blick dich außerdem um, damit nicht, wer auch immer hinter euch sitzt [eig.: Futur],

er ihren zarten Rücken [eig.: Pl.] mit seinem dagegengestellten Knie drückt (berührt).

Kleinigkeiten erobern leichtsinnige Herzen: Für viele ist es schon nützlich gewesen,

einen Polster mit hilfsbereiter (= gefälliger, eig.: leichter) Hand zurechtzurücken.

Es ist auch nützlich gewesen, mit einem dünnen Fächer Wind zu machen (gemacht zu haben)

und unter den zarten Fuß einen gewölbten Hocker zu geben (gegeben zu haben).

Diese Zugangsmöglichkeiten werden der Circus und der

traurige (unheilbringende) auf das geschäftige Forum gestreute Sand einer neuen Liebe bieten.

1.
a) ganz nahe zur Geliebten!
b) Gespräch!
c) auch sie favorisiert!
d) auf ihren Schoß fällt, wische ihn fort!
e) da ist, wische ihn fort!
f) hebe ihn auf, auf die Beine sein.
g) die Knie gegen ihren Rücken drückt!
h) Polsters, Fächers, Hockers

S. 144 f.

E Anbandeln auf der Party

Gelegenheit geben auch Partys, nachdem (wenn) Tische aufgestellt (gedeckt) worden sind:
Außer dem Wein [eig.: Pl.] gibt es (noch) etwas, was du (von) dort anstreben (begehren) könntest.
Der Wein [poet. Pl.] bereitet die Herzen (Gemüter) vor und macht sie geeignet (empfänglich) für die Liebesglut (Hitze):
Die Sorge (ent)flieht und wird durch viel Wein aufgelöst.
Dann kommt das Lachen [eig.: Pl.], dann fasst der Arme Mut (eig.: Hörner),
dann schwinden Schmerz, Sorgen und die Stirnfalte(n) (= Sorgenfalten).
Dann öffnet die in unserer Zeit äußerst seltene Aufrichtigkeit die Herzen,
während der Gott (des Weines) die Künstlichkeit (eig.: die Künste) vertreibt.
Dort haben oft Mädchen die Herzen junger Männer geraubt (erobert)
und Venus war im Wein [eig.: Pl.] wie Feuer im Feuer.
Traue hier nicht zu sehr der trügerischen Lampe:
Die Nacht und der Wein schaden dem Urteil über die Schönheit.
(Auch) Paris betrachtete die Göttinnen bei Tageslicht und unter wolkenlosem Himmel,
als er (zu) Venus sagte: „Du übertriffst beide, Venus!"
In der Nacht sind die Schönheitsfehler verborgen und man verzeiht jeden Fehler (eig.: jedem Fehler wird verziehen),
und jene Stunde (= die Nacht) macht jedes Mädchen schön.
Befrage (den Tag) über den (nach dem) Schmuck [eig.: Pl.],
über das Purpurgewand,
befrage den Tag über das Gesicht und den Körper [eig.: Pl.]!

1.
fugit (V. 4) – veniunt (V. 5)
cura (V. 4) – risus (V. 5)
simplicitas (V. 8) – artes (V. 8)

F Auf das Styling des Mannes kommt's an!

Aber weder soll es dir gefallen, deine Haare mit dem Eisen einzudrehen,
noch sollst du deine Beine mit rauem Bimsstein glätten.
Lässiges Aussehen steht Männern gut. Theseus trug die Minostochter [= Ariadne] fort,
(obwohl er) mit keiner (Haar-)Nadel an den Schläfen geschmückt war.

Durch Sauberkeit sollen die Körper gefallen, sie sollen auf dem Marsfeld gebräunt werden.
Die Toga soll gut sitzen (eig.: soll gut sitzend sein) und ohne einen Schmutzfleck sein.
Auch soll das Abscheren die Haare nicht zu Stacheln (eig.: die stacheligen Haare) übel verunstalten:
Das Haar und der Bart sollen mit (von) kundiger Hand geschnitten sein.
Die Nägel sollen nicht hervorstehen und sie sollen ohne Schmutz sein;
und kein Härchen soll dir aus (eig.: in) deinem Nasenloch stehen.
Weder soll der Atem eines übelriechenden Mundes unangenehm sein
noch soll der männliche Führer der Herde [= ein Ziegenbock] die Nase beleidigen [gemeint ist Schweißgeruch].
Lass zu, dass die lockeren Mädchen das Übrige machen (erledigen) oder so einer, der als (lediglich) halber Mann danach strebt (eig.: sucht), einen Mann zu haben.

1.
F – B – E – C
2.
crura (V. 2), tempora (V. 4), corpora (V. 5), manu (V. 8), nare / nares (V. 10/12), oris (V. 11)
3.
Auch in Georg Danzers Lied legt die Frau Wert darauf, dass sein Bart abrasiert wird.

2. Liebesratgeber: Tipps für die Frauen

S. 146 f.

A Macht euch attraktiv für die Männer!

Beinahe hätte ich (euch) ermahnt, dass kein grimmiger Ziegenbock unter die (eure) Achseln komme (eig.: gehe) und dass die Schenkel nicht durch borstige (harte) Haare rau seien!
Was, wenn ich (der Frau) auch (noch) vorschreibe, dass sie die Zähne nicht durch Nachlässigkeit schwärzen (= schwarz werden lassen) soll und (dass) der Mund (oder: das Gesicht, eig. Pl.) am Morgen mit aufgenommenem Wasser gespült werden soll?
Ihr wisst auch den Glanz [eurer Haut] durch aufgetragenen Puder (durch das Auftragen von Puder) zu bewerkstelligen:
Diejenige aber, die nicht durch das Blut rötlich ist [= die von Natur aus keine roten Wangen hat], ist durch Kunst [= Schminken] rötlich.
Dennoch soll der Liebhaber keine auf dem Tisch (offen da-) liegenden Schminktöpfchen entdecken.
(Nur) eine verborgene (versteckte) Kunst hilft dem Gesicht.

1.
alas (V. 1), crura (V. 2), dentes (V. 3), ora (V. 4)

B Kaschiert eure kleinen Fehler!

Dennoch ist ein Gesicht selten frei von Makel. Verbirg die Makel
und verstecke, so gut wie möglich, den Fehler (die Fehler / Schwächen) deines Körpers!
Wenn du klein bist, sollst du sitzen, damit du nicht zu sitzen scheinst, wenn (obwohl) du stehst,

und du sollst auf deinem Bett liegen, wie klein du auch bist.
Eine, die allzu dünn ist, nehme Kleider mit (aus) starkem Garn [= dichtgewebte Stoffe]
und der Umhang soll ihr locker von den Schultern herabfallen (eig.: gehen).
Ein hässlicher (eig.: schlechter) Fuß soll immer von (eig.: in) einem weißen Lederschuh verborgen werden,
und befreie dürre Schenkel nicht von ihren Bändern (den Schuhriemen).
Zu hohen Schultern passen zarte Schulterpolster,
eine Binde schlinge sich (eig.: gehe) rund um eine schmale Brust.
(Nur) mit winziger Geste unterstreiche jene, die dicke Finger und hässliche Fingernägel [eig.: Sg.] hat, was auch immer sie sprechen wird.
Eine, die lästigen Mundgeruch hat, soll niemals mit nüchternem Magen sprechen
und immer zum (vom) Mund des Mannes Abstand halten.
Wenn du einen schwarzen, zu großen oder nicht in der Reihe gewachsenen (eig.: geborenen) Zahn hast, (so) wirst du durch Lachen größten Schaden erleiden.

1.
a) sitzen
b) weite Kleidung aus dickem Stoff tragen
c) weiße Lederschuhe tragen
d) ihn mit einer Binde hochbinden
e) nicht viel gestikulieren
f) niemals nüchtern reden und sich dem Gesicht des Mannes nicht zu weit nähern
g) beim Lachen achtgeben.

C Setzt euch auf der Party richtig in Szene!

Komm spät und tritt anmutig bei Kerzenlicht ein:
Aufgrund der Verspätung wirst du als (besonders) erwünscht kommen: Die Verspätung ist die beste (größte) Verkupplerin!

Auch wenn du hässlich bist, wirst du (dann) den Betrunkenen schön erscheinen,
und die Nacht selbst wird deinen Fehlern ein Versteck geben.
Nimm die Speisen mit den Fingern (Tischmanieren sind wichtig!)
und beschmiere auch nicht das ganze Gesicht mit schmutziger Hand,
und nimm vorher zu Hause kein Mahl zu dir, sondern hör auf,
bevor du satt bist. Iss ein bisschen weniger, als du essen kannst!
Wenn der Sohn des Priamos [= Paris] Helena gierig essend (= während sie gierig isst) sehen sollte,
könnte er sie hassen und sagen: „Mein Raub ist dumm (gewesen)!"
Passender ist es und es schickt sich (eig.: soll / könnte sich … schicken) für Mädchen auch mehr, dass sie trinken (= zu trinken):
Bacchus, du verträgst dich nicht schlecht mit dem Sohn der Venus!
Das gilt nur, solange der Kopf es verträgt und Verstand und Füße
funktionieren: Und sieh nicht doppelt, was einfach ist.

S. 148

Abschlussquiz

1. d)	9. Sol
2. F	10. Netz
3. F	11. lautes
4. b)	12. c)
5. Lesbos	13. b)
6. d)	14. c)
7. Odi et amo; sentio et excrucior	15. Vulcanus (Hephaistos), Amor (Eros), Venus (Aphrodite), Mars (Ares)
8. a)	

Rhetorik, Propaganda, Manipulation

Rhetorik: Theorie

1. Begriffsklärungen

S. 150 f.

A Arten von Reden

Die Aufgabe des Redners ist es, über diese Dinge sprechen zu können, die durch Sitten und Gesetze zum bürgerlichen Nutzen (= Nutzen der Bürger) festgesetzt (worden) sind, mit Zustimmung der Zuhörer, soweit etwas davon möglich sein wird (eig.: geschehen können wird).

Es gibt drei Arten von Fällen, die ein Redner beherrschen muss: die hinweisende, die beratende und die gerichtliche (Art).

Die hinweisende (Art) ist (die), welche man für Lob oder Tadel irgendeiner bestimmten Person anwendet.

Die beratende (Art) besteht in der Beratung, die das Anraten und das Abraten in sich birgt (eig.: hat).

Die gerichtliche (Art) ist (die), die im Streit besteht (eig.: gelegt worden ist) und die eine (strafrechtliche) Anklage oder eine (zivilrechtliche) Klage mit Verteidigung umfasst (eig.: hat).

1.
a) laudem – vituperationem (Z. 7)
b) suasionem – dissuasionem (Z. 8/9)
2.
a) 3; b) 1; c) 2 oder 1; d) 1; e) 1; f) 3; g) 2; h) 2

B Arbeitsschritte

Es ist also nötig, dass es bei einem Redner die Stoffsammlung, die Gliederung, die Formulierung, das Memorieren und den Vortrag gibt (= dass ein Redner … beherrscht).

Die Stoffsammlung ist das Ausdenken wahrer oder wahrscheinlicher Dinge, die den Fall glaubwürdig machen sollen.

Die Gliederung ist die Reihung und Verteilung der Dinge (Punkte), die anzeigt, was man an welchen Stellen [innerhalb der Rede] anwenden muss.

Die Formulierung ist die Anpassung geeigneter Worte und Sätze an die Stoffsammlung.

Das Memorieren ist die feste geistige Aufnahme (= das Einprägen) von Dingen, Wörtern und Gliederung.

Der Vortrag ist der wohlüberlegte Einsatz von Stimme, Miene und Gestik mit Anmut (Charme).

1.

inventio: invenire 4; dispositio: disponere 3; elocutio: eloqui 3; pronuntiatio: pronuntiare 1; excogitatio: excogitare 1; distributio: distribuere 3; accommodatio: accommodare 1; perceptio: percipere 3; moderatio: moderare 1

C Aufbau der Rede

Die Stoffsammlung wird verwendet für sechs Teile der Rede: für die Einleitung, die Erzählung, die Gliederung, die Beweisführung, die Widerlegung [der gegnerischen Argumente] und die Schlussfolgerung.

Die Einleitung ist der Anfang der Rede, durch den der Zuhörer (eig.: der Geist des Zuhörers) für das Zuhören gewonnen wird.

Die Erzählung ist die Schilderung (Darlegung) von tatsächlich oder vermeintlich geschehenen Dingen.

Die Gliederung ist, wodurch wir erklären, was unstrittig ist (und) was strittig (eig.: im Streit) ist, und wodurch wir darlegen, über welche Dinge (Punkte) wir reden werden.

Die Beweisführung ist die Darlegung unserer Argumente mit ernster Beteuerung.

Die Widerlegung ist die Entkräftung gegnerischer Argumente.

Die Schlussfolgerung ist das kunstvolle Ende der Rede.

1.

HS: Divisio est,
GS: per quam aperimus,
GS: quid conveniat,
GS: quid in controversia sit,
GS: et per quam exponimus,
GS: quibus de rebus simus acturi

2. Was ein Redner trainieren muss

S. 152 f.

A Ciceros praktische Tipps

Wer viel schreibt, spricht besser!

Bei diesen Übungen ist es, obwohl es auch nützlich ist, oft aus dem Stegreif zu reden, dennoch nützlicher – nachdem man sich Zeit zum Nachdenken genommen hat [Abl. abs. mit PPP] –sorgfältiger und genauer zu sprechen.
Das Wichtigste aber ist (was wir, um die Wahrheit zu sagen, am wenigsten tun; es bedarf nämlich großer Anstrengung, die wir meist scheuen), möglichst viel zu schreiben. Der Griffel ist der beste und ausgezeichnetste Ausbildner und Redelehrer (eig.: Lehrer des Redens); und nicht zu (mit) Unrecht.

Nimm dir ein Beispiel an anderen!

Ferner bedürfen die Bewegungen und Übungen der Stimme, des Atems, des ganzen Körpers und der Zunge selbst nicht so (sehr) der Kunst als (vielmehr) der Anstrengung. In diesen Dingen muss man sorgfältig überlegen, wen wir nachahmen, wem wir ähnlich sein wollen. Wir dürfen nicht nur die Redner beobachten, sondern auch die Schauspieler, damit wir nicht durch eine schlechte Gewohnheit zu irgendeiner Hässlichkeit und Verunstaltung kommen (in … verfallen).

Lerne auswendig!

Auch das Gedächtnis muss durch das wortwörtliche Auswendiglernen sowohl von eigenen als auch von fremden Schriften trainiert werden; und bei dieser Übung missfällt es mir keineswegs, wenn man sich (daran) gewöhnt hat, auch diese Methode der Orte und Bilder anzuwenden, die in der Gedächtniskunst überliefert (gelehrt) wird.

Raus aus dem stillen Kämmerchen!

Dann muss die Rede aus dieser häuslichen und schulmäßigen Übung mitten ins Geschehen, in den Staub, in das (Kriegs-)Geschrei, in das Feldlager und in die Schlacht auf dem Forum hinausgeführt werden;
den Blick der Menschen muss man auf sich ziehen und die Geisteskräfte (muss man) erproben, und jene eingeschlossene Vorbereitungsarbeit [= Vorbereitungsarbeit im stillen Kämmerchen] muss man in das Licht der Realität (der praktischen Durchführung) holen.

Eigne dir Sachwissen an!

Man muss auch die Dichter lesen,
die Geschichte kennenlernen,
man muss Lehrer und Schriftsteller aller guten Künste (Wissenschaften) auswählen und studieren und – der Übung wegen – loben, deuten, verbessern, tadeln und widerlegen;
man muss jede Sache von entgegengesetzten Richtungen (Seiten) betrachten (diskutieren) und man muss herausfinden, was auch immer es in jeder einzelnen Sache geben (eig.: sein) wird, was wahrscheinlich scheinen könnte (kann);
gründlich muss man das bürgerliche Recht erlernen,
die Gesetze (kennen)lernen,
sich das ganze Altertum aneignen, die senatorische Verfahrensweise, die Verfassung des Staates, die Rechte der Bundesgenossen, Bündnisse und Verträge
und man muss die Grundlage des Reiches kennenlernen;
man muss auch aus der ganzen Bandbreite (eig.: aus jeder Art) der Bildung einen gewissen geistreichen Humor nehmen, mit dem die ganze Rede wie mit Salz gewürzt werden soll.

1.

ipsius (Z. 6, Demonstrativpronomen), quibus (Z. 7, Relativpronomen), quos (Z. 8, Relativpronomen), quorum (Z. 8, Relativpronomen), aliquam (Z. 9, Indefinitpronomen)

2.

HS: atque in ea exercitatione non sane mihi displicet adhibere, …, etiam istam locorum simulacrorumque rationem,
GS: si consue(ve)ris
GS: quae in arte traditur.

3.

a) Präfix e- („heraus") + ducere („führen")
b) dicere („reden") + Suffix -tio (Tätigkeit)
c) Präfix in- („hinein") + claudere („schließen")
d) Präfix pro- („hervor, hinaus") + ferre („tragen")

4.

a) + b) möglichst viele Dichter und Historiker lesen und sich intensiv mit ihnen beschäftigen; Wissen über Recht, Geschichte und Politik erwerben; sich auch gewissen Witz aneignen, um damit die Rede schmücken zu können.

Lehnwörter und Fremdwörter

a) Brevier (Fremdwort) / Brief (Lehnwort): brevis/e
b) Muster (Lehnwort) / Monstranz (Fremdwort): monstrare 1
c) Spekulant (Fremdwort) / Spiegel (Lehnwort): spectare 1
d) radikal (Fremdwort) / Rettich (Lehnwort): radix,-icis f.
e) Preis (Lehnwort) / Pretiosen (Fremdwort): pretium,-i
f) Klausur (Fremdwort) / Kloster (Lehnwort): claudere 3

3. Die perfekte Rede

S. 154 f.

A Gestik und Mimik

Bei der Gestik soll (eig.: wird) die Haltung aufrecht und gerade sein;

das Auf- und Abgehen soll (eig.: wird) selten und auch nicht so weit sein; das Vortreten (vor das Publikum) soll kontrolliert und selten sein; es soll kein Vor- und Zurückbeugen des Kopfes geben, kein Spiel der Finger und keinen Finger, der im Takt klopft;

er [= der Redner] bewahre [eig.: PPA als Fortsetzung des Hauptsatzes] eher mit dem ganzen Körper und durch männliche Körperbewegung die (seine) Haltung, mit Ausstrecken des Armes in erregten Reden, mit Anziehen (des Armes) in ruhigen Reden.

Der Gesichtsausdruck aber, der nach der Stimme das meiste bewirkt (eig.: kann) – wie viel Würde und wie viel Anmut (Charme) wird er (dem Redner) verleihen (eig.: hinzufügen)! Wenn du dabei (eig.: in diesem) erreicht hast, dass nichts (= nicht irgendetwas) albern oder grimassenhaft ist, dann ist (auch) eine große Kontrolle der Augen (notwendig).

Denn wie der Gesichtsausdruck ein Abbild der Seele ist, so sind die Augen die Ausdrucksmittel (Indikatoren) der Seele. Das Ausmaß ihrer Heiterkeit und umgekehrt ihrer Trauer werden die Dinge (Themen) selbst, über die verhandelt wird, richtig bestimmen (lenken).

1.

a) gerade und aufrecht sein
b) selten und nicht so weit
c) nicht spielen oder klopfen
d) in erregten Reden ausgestreckt werden, in ruhigen Reden angelegt bleiben
e) nicht grimassenhaft sein
f) je nach Thema Heiterkeit oder Traurigkeit zeigen

B Verwendung rhetorischer Stilmittel

Also wird jener [= der ideale Redner], den wir suchen (anstreben), so sprechen,

dass er dasselbe oft auf viele Arten verschieden darstellt;

dass er auch oft etwas als unbedeutend darstellt, dass er oft (etwas) lächerlich macht;

dass er vom Thema abweicht und die Aufmerksamkeit anderswohin richtet;

dass er darlegt, was er sagen wird (will);

dass er, wenn er etwas schon zu Ende geführt hat, eine Zusammenfassung gibt,

dass er sich selbst zum Thema zurückruft;

dass er, was er gesagt hat, wiederholt;

dass er die Beweisführung (den Beweisgrund) logisch beweist;

dass er durch Fragen hart zusetzt (drängt), (und) dass er sich wieder gleichsam auf das Gefragte selbst eine Antwort gibt;

dass er anders (= in einem anderen Sinne), als er spricht, verstanden und wahrgenommen werden will;

dass er etwas auslässt und ignoriert;

dass er die Argumente der Gegner vorwegnimmt;

dass er in dieser Angelegenheit selbst, in der er getadelt wird, die Schuld dem Gegner zuschiebt (auf den Gegner hinlenkt);

dass er oft mit denen, die (zu)hören, manchmal auch mit dem Gegner gewissermaßen überlegt (= Überlegungen gemeinsam anstellt);

dass er die Gespräche und Charaktere der Menschen beschreibt;

dass er die Zuhörer (eig.: die Gedanken) von dem, was behandelt wird, ablenkt;

dass er sie oft in Heiterkeit oder Gelächter versetzt;

dass er vorwegnimmt, was entgegengestellt (dagegen gesagt) zu werden scheint;

dass er ähnliche Fälle (auf)zeigt, dass er Beispiele verwendet;

dass er Zwischenrufer [eig.: Sg.] in die Schranken weist;

dass er sagt, dass er etwas verschweigt;

dass er warnt, wovor sie [= die Zuhörer] sich hüten sollen, dass er auch zürnt (zornig wird), dass er irgendwann tadelt.

Und er wird auch gleichsam andere rhetorische Tugenden (eig.: Tugenden des Sprechens) anstreben:

Kürze, wenn die Sache es erfordert;

oft wird er auch den Sachverhalt (die Sache) durch das Sprechen anschaulich darstellen;

oft wird er ihn [= den Sachverhalt] größer darstellen, als er geschehen kann (könnte).

1.

Anapher von ut

2.

Geminatio; rhetorische Frage; Ironie; Praeteritio; Hyperbel

Rhetorik: Praxis

1. Ciceros Reden gegen Catilina

S. 156 f.

A Catilina ist der Staatsfeind Nr. 1

Wie lange noch, Catilina, wirst du unsere Geduld missbrauchen?

Wie lange wird uns auch dieser dein Wahnsinn verspotten?

Wie weit wird sich die (besser: deine) zügellose Frechheit brüsten (= aufspielen)?

Bewegten (Beeindruckten) dich denn gar nicht der nächtliche Schutz des Palatins,

gar nicht die Wachposten der Stadt,

gar nicht die Angst des Volkes,

gar nicht das Zusammenlaufen aller guten Leute [= aller Patrioten],

gar nicht dieser sehr gut bewachte Ort für die Senatssitzung (= der Senatssitzung),

gar nicht die Mienen und Blicke von diesen (= dieser Menschen hier)?

Bemerkst du nicht, dass deine Pläne offen daliegen,

siehst du nicht, dass deine Verschwörung bereits durch das Mitwissen all dieser in Fesseln liegt (= blockiert ist)?

Wer von uns, glaubst du, weiß nicht, was du in der letzten (Nacht), was du in der vorletzten Nacht getan hast, wo du gewesen bist, welche (Menschen) du zusammengerufen hast, welchen Plan du gefasst hast?

Oh Zeiten, oh Sitten! Der Senat erkennt dies. Der Konsul sieht es. Dieser lebt dennoch. Er lebt? Ja sogar in den Senat kommt er, wird Teilnehmer der öffentlichen Sitzung und bezeichnet und bestimmt mit seinen Augen jeden Einzelnen von uns zur Ermordung (Hinrichtung).

Aber wir tapfere Männer scheinen genug für den Staat zu machen, wenn wir den Wahnsinn und die Waffen dieses Mannes da meiden (= dem Wahnsinn und den Waffen … ausweichen). Es wäre schon längst nötig gewesen, dass du, Catilina, auf Befehl des Konsuls zum Tod geführt (= getötet) wirst und dass das Verderben, welches du schon lange gegen uns alle planst, über dich gebracht wird.

1.

a) Nihilne … nihil … nihil … nihil … nihil … nihil … (Z. 4–9); Quid … quid (Z. 12)

b) Quo usque …? (Z. 1); Quam diu …? (Z. 2); Quem ad finem …? (Z. 3); Nihilne … moverunt? (Z. 4–9); Patere … non vides? (Z. 10 f.); Quid … arbitraris? (Z. 12–14); Vivit? (Z. 15)

c) nihil concursus …, nihil hic munitissimus …, nihil horum ora … (Z. 7–9)

d) nihil urbis vigiliae – nihil timor populi (Z. 5 f.)

2.

sK: Ad mortem te, Catilina, duci

HS: iam pridem oportebat,

sK: in te conferri pestem,

GS: quam tu in nos omnes iam diu machinaris.

B Cicero deckt Catilinas Pläne auf

Nichts tust du, nichts planst du, nichts denkst du, was ich nicht nur nicht höre, sondern auch nicht sehe und gänzlich bemerke.

Führe dir schließlich mit mir jene vorletzte Nacht vor Augen: Schon (= dann) wirst du bemerken, dass ich viel tatkräftiger für das Wohl des Staates wache (sorge) als du für das Verderben des Staates.

Ich sage, dass du in der vorletzten Nacht in die Sichelmachergasse (ich will / werde es nicht verheimlichen!) in das Haus des Marcus Laeca gekommen bist, (und) dass mehrere Gefährten desselben Wahnsinns und Verbrechens (ebenfalls) genau dort(hin) zusammengekommen sind. Wagst du es etwa zu leugnen? Was schweigst du? Ich will (werde) es beweisen, wenn du es leugnest. Ich sehe nämlich, dass hier im Senat einige sind, die mit dir zusammen waren.

Oh ihr unsterblichen Götter! Wo in aller Welt sind wir? In welcher Stadt leben wir? Welchen Staat haben wir?

Hier, hier in unserer Mitte (eig.: Zahl), Senatoren, in dieser heiligsten und ehrwürdigsten Versammlung der Welt, sind Leute, die über den Untergang von uns allen, die über das Verderben dieser Stadt und sogar des (ganzen) Erdkreises nachdenken! Ich, der (od.: als) Konsul, sehe diese, ich befrage sie amtlich über den Staat, und die, die mit dem Schwert niedergemetzelt werden sollten (für welche es nötig wäre, dass sie mit dem Schwert abgeschlachtet werden), verwunde ich nicht einmal mit einem Wort!

1.

a) Nihil … nihil … nihil (Z. 1), qui … qui (Z. 12)

b) Hic, hic (Z. 11)

c) + d) nihil agis, nihil moliris, nihil cogitas (Z. 1), qui de nostro omnium interitu, qui de huius urbis atque adeo de orbis terrarum exitio cogitent (Z. 12 f.)

2.

audire (Z. 2), sentire (Z. 2), intellegere (Z. 3), videre (Z. 7 + 13)

2. Ciceros Bilanz als Konsul

S. 158 f.

A Cicero als Retter der Nation

Als das durch ein geheimes Verbrechen verdorbener Bürger zusammengerottete Heer dem Vaterland einen sehr grausamen und sehr traurigen Untergang bereitet hatte, als Catilina zum Verderben und Untergang des Staates im Lager zum Anführer gewählt worden war, habe ich als Konsul durch meine Beschlüsse, durch meine Anstrengungen, unter eigener Lebensgefahr, ohne Tumult, ohne Truppenaushebung [= Rekrutierung], ohne Waffen und ohne ein Heer, nur durch die Verhaftung und das Geständnis von fünf Leuten (eig.: nachdem fünf Männer gefasst worden waren und gestanden hatten), die Stadt vor einer Brandlegung, die Bürger vor der Niedermetzelung, Italien vor der Verwüstung und den Staat vor dem Untergang bewahrt.

Ich habe das Leben aller Bürger, die Ordnung (eig.: die Lage) der Welt und schließlich diese Stadt, unser aller Heimat, die Schutzburg auswärtiger (fremder) Könige und

Volksstämme, das Licht der Völker und den Sitz (das Zentrum) unserer Herrschaft gerettet – durch die Bestrafung von fünf wahnsinnigen und verdorbenen Menschen.

1.
a) luctus ("Trauer") + Suffix -osus (Fülle)
b) incendere ("anzünden") + Suffix -io (Tätigkeit)
c) vastus ("wüst") + Suffix -tas (Eigenschaft)

2.
a) meis consiliis, meis laboribus, meis capitis periculis (Z. 6); sine tumultu, sine dilectu, sine armis, sine exercitu (Z. 7); incensione urbem, internecione cives, vastitate Italiam, interitu rem publicam (Z. 9 f.)
b) cum … cum (Z. 2–4); meis … meis … meis (Z. 6); sine … sine … sine … sine (Z. 7)
c) + d) meis consiliis, meis laboribus, meis capitis periculis (Z. 6)

B Cicero, ein wirklich bescheidener Politiker

Ich habe befohlen, dass Lucius Catilina, der die Ermordung des Senats (und) den Untergang der Stadt nicht heimlich, sondern offen plante, aus der Stadt hinausgehe, damit wir vor ihm, vor dem wir es mithilfe der Gesetze nicht konnten, (wenigstens) durch Mauern sicher sein konnten.

Ich habe im letzten Monat meines Konsulats die auf die Kehlen der Bürgerschaft gerichteten Waffen den verbrecherischen Händen der Verschwörer entrissen.

Ich habe die Fackeln, die schon zum Anzünden dieser Stadt entfacht (angezündet) worden waren, ergriffen, aus der Stadt getragen und ausgelöscht.

Mich hat Quintus Catulus, das Oberhaupt dieser Versammlung [= des Senats] und Anführer des öffentlichen Rates im sehr zahlreich (= vollständig) versammelten Senat „Vater des Vaterlandes" genannt.

Dieser sehr berühmte Mann, der neben dir sitzt, Lucius Gellius, hat gesagt, während diese (Leute) es hörten, dass mir vom Staat die Bürgerkrone [= Eichenkranz für die Rettung eines Bürgers im Kampf] geschuldet werde (= dass mir der Staat die Bürgerkrone schulde).

Für mich mit der Toga Bekleideten [= Für mich als Zivilisten] hat der Senat mit einer einzigartigen Art des Dankfestes nicht – wie für viele – wegen der guten Verwaltung, sondern – wie für niemanden – wegen der Rettung des Staates die Tempel der unsterblichen Götter geöffnet.

Und der Konsulat ist von mir so bekleidet worden, dass ich nichts ohne Beschluss des Senats, nichts ohne Zustimmung des römischen Volkes getan habe, dass ich auf der Rednertribüne [d.h. vor dem Volk] die Curia [d.h. den Senat] (und) im Senat das Volk verteidigt habe, und dass ich die (Volks-)Menge mit den Führern und den Ritterstand mit dem Senat verbunden (= zusammengeführt) habe.

Ich habe meinen Konsulat kurz dargestellt.

1.
a) palam (Z. 2)   c) exstinxi (Z. 8)
b) moenibus (Z. 4)   d) nemini (Z. 14)

2.
a) ut … ut … ut (Z. 17 ff.), nihil … nihil (Z. 17)
b) parentem patriae (Z. 10)
c) comprehendi, protuli, exstinxi (Z. 7 f.)

3.
Leistungen: Cicero brachte Catilina dazu, die Stadt zu verlassen; er machte auch dessen Anhänger unschädlich; er setzte sich immer für einen Ausgleich zwischen Senat, Rittern und dem einfachen Volk ein.
Ehrungen: Cicero erhielt den Titel „parens patriae" („Vater der Heimat"), die „corona civica" („Bürgerkrone") und eine „supplicatio" (religiöses Dankfest).

3. Ciceros Philippische Reden

S. 160 f.

A Mark Anton muss sich öffentlich übergeben

Lasst uns lieber über die völlig charakterlose Art von Übermut (deines Übermutes) sprechen.

Du hattest mit dieser Kehle, dieser Brust und mit dieser eines Gladiators würdigen Stärke des ganzen (gesamten) Körpers auf Hippias' Hochzeit so viel Wein (eig.: so viel des Weines) hinuntergeschüttet, dass es dir am folgenden Tag notwendig war, dich in Gegenwart (eig.: im Anblick / vor den Augen) des römischen Volkes zu übergeben (= dass du dich … übergeben musstest).

Oh nicht nur schrecklich anzusehende, sondern auch anzuhörende Sache! Wenn dir dies bei einer Mahlzeit (selbst) bei deinen riesigen Trinkbechern (aufgrund deiner Trinkmenge) passiert wäre, wer würde das nicht für schändlich halten?

Aber bei einer Zusammenkunft des römischen Volkes, während er eine öffentliche Tätigkeit ausführte, übergab sich der Stellvertreter des Diktators, für den es (bereits) schändlich wäre zu rülpsen, und füllte seinen Schoß und die gesamte Richterbühne mit Speiseresten, die nach Wein rochen!

Aber er gesteht sich selbst ein, dass dies zu seinen Lastern gehört; lasst uns (wir wollen) zu glänzenderen Dingen kommen.

1.
a) sich zu übergeben
b) der Stellvertreter des Diktators
c) Mark Anton

B Mark Anton wollte Cäsar zum König krönen!

Aber damit die (meine) Rede nicht zufällig die eine schönste (die allerschönste) Sache von den vielen Taten des Mark Anton auslässt, wollen wir zum Lupercalienfest kommen.

Er verbirgt es nicht, Senatoren, es ist klar, dass er erregt (aufgeregt) ist; er schwitzt, er ist bleich. Er soll alles Beliebige tun, wenn er sich nur nicht übergibt, was er in der Säulenhalle des Minucius getan hat. Welche Verteidigung für eine so große Schande kann es geben (eig.: sein)?

Dein Kollege saß auf der Rednertribüne, bekleidet mit einer purpurfarbenen Toga, auf einem goldenen (Amts-)Sessel, bekränzt mit dem Lorbeerkranz. Du steigst hinauf, trittst an den Sessel heran – du warst so (sehr) Lupercalien-Priester, dass du dich erinnern musstest, dass du Konsul warst –, du zeigst das Diadem.

Klagegeschrei (Buh-Rufe / Getöse) auf dem ganzen Forum. Woher (kam) das Diadem?

Denn du hattest nicht ein auf dem Boden liegendes (Diadem) aufgehoben, sondern du hattest es von zu Hause mitgebracht, ein vorbereitetes und ausgedachtes Verbrechen. Du wolltest ihm das Diadem unter (eig.: mit) dem Wehklagen des Volkes aufsetzen, jener lehnte es unter (eig.: mit) Beifall ab.

Einzig du also bist gefunden worden, du verbrecherischer (Mensch), der du – weil du Befürworter der Königsherrschaft sein (wolltest) und den, den du (ursprünglich) als Kollegen hattest, als Alleinherrscher haben wolltest – ebenfalls (auch) ausprobiertest, was das römische Volk ertragen und aushalten könne.

1.
sustuleras (Z. 10); adtuleras (Z. 10); ferre (Z. 17)

4. Piccolominis „Türkenrede"

S. 162 f.

A Europa ist in Gefahr!

Denn was passt besser zu einem guten und adeligen Mann, als sich um den richtigen Glauben zu sorgen (eig.: als Sorge zu tragen für den richtigen Glauben), die Religion zu fördern (begünstigen) und den Namen Christi, des Erlösers, mit ganzer Kraft zu rühmen und zu preisen?

Aber nachdem Konstantinopel nun verloren, eine so große Stadt in die Gewalt der Feinde gebracht, so viel Christenblut (eig.: Blut der Christen) vergossen (worden) ist, so viele (gläubige) Menschen in die Knechtschaft geführt (worden) sind, ist der katholische Glaube beklagenswert (= elend) verwundet, unsere Religion schändlich (= gravierend) erschüttert, (und) der Name Christi allzu sehr geschädigt und erniedrigt.

Und (auch) viele Jahrhunderte zuvor hat die christliche Gemeinschaft, wenn wir die Wahrheit bekennen wollen, niemals (eig.: nicht) größere Schmach erlitten als jetzt. Denn in vergangenen Zeiten waren wir in Asien und Afrika, das heißt auf fremdem Terrain (eig.: in fremden Ländern), verwundet worden: Nun aber sind wir in Europa, das heißt im Vaterland, im eigenen Haus, in unserem (Wohn-)Sitz erschüttert und niedergemetzelt worden.

Und mag auch jemand sagen, die Türken seien doch (schon) vor vielen Jahren von Asien nach Griechenland übergesetzt, die Tataren hätten sich diesseits des Don in Europa festgesetzt (= niedergelassen), die Sarazenen hätten nach Überquerung der Straße von Gibraltar einen Teil Spaniens besetzt:

Dennoch haben wir niemals eine Stadt oder einen Ort in Europa verloren, der mit Konstantinopel gleichgesetzt werden könnte.

1.
a) Christi nomen damnificatum (est) nimis atque oppressum (Z. 9)
b) in Europa, id est in patria, in domo propria, in sede nostra (Z. 12 f.)

2.
a) curam gerere – extollere (Z. 1 ff.); amissa nunc Constantinopoli – abductis (Z. 4 ff.); vulnerata est – damnificatum (Z. 8 f.); in Europa – in sede nostra (Z. 12 f.); ante plurimos annos – occupasse (Z. 16 ff.)
b) confusa turpiter nostra religio, Christi nomen damnificatum (Z. 8 f.)
c) tanta … tanto (Z. 5 f.)
d) curam gerere – extollere (Z. 1 ff.); vulnerata est – damnificatum (Z. 8 f.); in Europa – in sede nostra (Z. 12 f.); ante plurimos annos – occupasse (Z. 16 ff.); in patria, in domo propria, in sede nostra (Z. 13); ante plurimos annos – occupasse (Z. 16 ff.)

3.
Argumente:
Es sei Aufgabe eines edlen Menschen, die christliche Religion zu schützen und den Namen Christi zu rühmen. Durch die Einnahme Konstantinopels habe die christliche Religion Schaden genommen und sei der Name Christi entehrt worden.
Noch nie zuvor sei das Christentum so schwer getroffen worden, da frühere Niederlagen nie Europa so schwer getroffen hätten.
Noch nie habe man einen derartigen Verlust hinnehmen müssen, wie es nun bei Konstantinopel der Fall sei.

B Konstantinopel ist verloren!

Als Athanarich, der König der Goten, Größe und Glanz der königlichen Stadt betrachtet hatte, soll er wie betäubt gesagt haben: „Der Herrscher, der hier wohnt, ist wahrhaftig ein irdischer Gott, und wer auch immer die Hand [eig.: Pl.] gegen ihn erhebt, macht sich schuldig an seinem (eigenen) Blut."

Und wenn Konstantinopel nach der Übertragung der Herrschaft an euch, (oh) Germanen, auch oft erobert und zerstört worden ist, ist es dennoch niemals in die Gewalt der Feinde Christi geraten wie (eig.: außer) jetzt. Niemals waren die Kirchen der Heiligen niedergerissen, niemals die Bibliotheken abgebrannt, niemals die Klöster verlassen und niemals unsere Heiligtümer zur Gänze zerstört (worden) wie (eig.: außer) jetzt.

Daher blieb in (eig.: bei) Konstantinopel das Zentrum der alten Weisheit bis zu unserer Zeit (bestehen), als ob dort der Sitz der Gelehrsamkeit (= Wissenschaft) und die Heimat (eig.: der Hauptsitz) der höchsten Philosophie wäre. Kein Latein Sprechender (eig.: Niemand von den Latein Sprechenden) konnte ausreichend (eig.: genug) gelehrt erscheinen, wenn er nicht eine Zeit lang in Konstantinopel studiert hatte (hätte).

1.
a) + b) Numquam basilicae sanctorum dirutae, numquam bibliothecae combustae, numquam monasteria desolata, numquam sacra nostra … deleta fuere (Z. 7 ff.)

Propaganda und Manipulation

1. Cäsars Commentarii

S. 166 f.

A Die Helvetier

Aus diesem Grund übertreffen auch die Helvetier die übrigen Gallier an Tapferkeit, weil sie sich in fast täglichen Schlachten mit den Germanen messen (eig.: kämpfen), indem sie diese entweder von ihrem Gebiet fernhalten oder sie selbst in deren Gebiet(en) Krieg führen.

Bei den Helvetiern war bei weitem am angesehensten und reichsten Orgetorix. Dieser stiftete (machte) unter dem Konsulat des Marcus Messala und Marcus Piso, von Verlangen nach der Königsherrschaft veranlasst, eine Verschwörung des Adels an und überredete die Bürgerschaft, ihr Gebiet (Land) mit allen Vorräten zu verlassen (= dass sie aus ihrem eigenen Land … gingen): (Er sagte,) es sei sehr leicht, die Herrschaft über ganz Gallien zu ergreifen, da sie an Tapferkeit alle überträfen. Dazu überredete er sie umso leichter, weil die Helvetier auf allen Seiten durch die Natur des Ortes (= die natürlichen Gegebenheiten) eingeengt sind. […]

Durch diese Tatsachen (= Dadurch) geschah es, dass sie sowohl weit weniger umherzogen [= Streifzüge unternahmen] als auch ihren Nachbarn weniger leicht Krieg erklären konnten (= sie weniger leicht angreifen konnten). Aus diesem Grund waren die kriegerischen Menschen sehr verärgert (eig.: Daher wurden die Menschen, die begierig danach waren, Krieg zu führen, mit großem Ärger versehen).

1.
a) nobilis („adelig") + Suffix -tas (Eigenschaft)
b) Präfix per- (Verstärkung) + facilis („leicht)
2.
Helvetii quoque reliquos Gallos virtute praecedunt, quod fere cotidianis proeliis cum Germanis contendunt, cum aut suis finibus eos prohibent aut ipsi in eorum finibus bellum gerunt (Z. 1 ff.)
(Dixit) perfacile esse, cum virtute omnibus praestarent, totius Galliae imperio potiri (Z. 6 f.);
qua ex parte homines bellandi cupidi magno dolore adficiebantur (Z. 10 f.).

B Auswanderungspläne

Es gab (waren) überhaupt (nur) zwei Wege, auf denen sie [= die Helvetier] ihre Heimat verlassen konnten (eig.: von zuhause … weggehen konnten): Einen (Weg) durch (das Gebiet der) Sequaner, schmal und beschwerlich, zwischen dem Jura-Gebirge und dem Fluss Rhone, der andere (Weg) durch unsere Provinz, viel leichter und bequemer, deswegen weil sich zwischen den Gebieten der Helvetier und der Allobroger, die neulich (erst) befriedet worden waren, die Rhone fließt und diese an einigen Stellen durch eine seichte Stelle [= eine Furt] überschritten werden kann (eig.: wird).
Die äußerste (abgelegenste) Stadt der Allobroger und dem Gebiet der Helvetier am nächsten ist Genava [= Genf]. Von dieser Stadt führt eine Brücke zu den Helvetiern.

1.
a) multo facilius (Z. 4), b) proximumque (Z. 7)

C Die Römer machen mobil

Als Cäsar (dies) gemeldet worden war, dass sie durch unsere Provinz zu ziehen versuchten, beeilt(e) er sich, von der Stadt [= Rom] aufzubrechen, und eilt(e) in möglichst großen Tagesmärschen [= so schnell wie möglich] ins jenseitige Gallien und gelangt(e) nach Genava (= in die Gegend von Genf). Der gesamten Provinz befiehlt (befahl) er, eine möglichst große Anzahl (an) Soldaten (zu stellen) (insgesamt gab es im jenseitigen Gallien nur eine Legion). Die Brücke, die bei Genava war, lässt (ließ) er abreißen (= Er befiehlt, dass die Brücke … abgerissen werde).

Sobald die Helvetier von seiner Ankunft benachrichtigt worden sind, schicken sie Gesandte zu ihm, die sagen sollten, sie hätten vor (= dass sie … vorhätten), ohne irgendwelche Gewalttätigkeit (Feindseligkeit) durch die Provinz zu ziehen.

Weil Cäsar sich erinnerte (eig.: in Erinnerung hatte), dass der Konsul Lucius Cassius getötet und sein Heer von den Helvetiern geschlagen und unters Joch geschickt worden war, glaubte er, dass man das nicht erlauben dürfe (dass dies nicht zu erlauben sei); auch glaubte er nicht, dass Leute von (mit) feindlicher Gesinnung, wenn die Gelegenheit gegeben sei [Abl. abs.], durch die Provinz zu ziehen, sich vor einer Rechtsverletzung und Gewalttaten [eig.: Sg.] zurückhalten würden.

1.
a) Cäsar
b) die Gesandten
c) L. Cassius

S. 168 f.

D Ein Krieg ist unvermeidlich

Cäsar wird gemeldet, die Helvetier hätten vor, durch das Gebiet der Sequaner und Häduer ins Gebiet der Santonen zu marschieren, das nicht weit vom Gebiet der Tolosaten entfernt ist. Dieser Stamm befindet sich (ist) in der Provinz. Er [= Cäsar] sah ein, dass, wenn dies geschehe, es mit großer Gefahr für die Provinz (verbunden) sein werde, dass er kriegerische Menschen, Feinde des römischen Volkes, an leicht zugänglichen und sehr getreidereichen Orten als Nachbarn habe.

Die Helvetier hatten bereits ihre Truppen durch die Engstelle und das Gebiet der Sequaner hindurchgeführt, waren in das Gebiet der Häduer gelangt und verwüsteten deren Äcker (Felder). Da die Häduer sich und ihren Besitz gegen sie [= die Helvetier] nicht verteidigen konnten, schickten sie Gesandte zu Cäsar, um Hilfe zu erbitten: (Sie sagten), sie hätten sich jederzeit um das römische Volk so verdient gemacht, dass – beinahe in Sichtweite unseres Heeres – die Äcker nicht verwüstet, ihre Kinder nicht in die Sklaverei weggeführt und die Städte nicht erobert werden dürften.

Von diesen Dingen (= Dadurch) veranlasst, beschloss Cäsar, dass er nicht warten dürfe, bis die Helvetier nach Vernichtung des gesamten Besitzes seiner Bundesgenossen (eig.: nachdem der gesamte Besitz … vernichtet worden war) ins Gebiet der Santonen gelangten.

1.

a) traduxerant (Z. 6)

b) abduci (Z. 11)

c) adductus (Z. 12)

2.

nicht weit entfernt von der römischen Provinz war; ihn die Häduer um Hilfe baten

E Cäsars Angriff

Als er [= Cäsar] mit drei Legionen aus dem Lager aufgebrochen war, gelangte er zu dem Teil (der Helvetier), der noch nicht den Fluss überschritten hatte. Er griff sie, die bepackt und nichtsahnend waren, an und tötete einen großen Teil von ihnen; die Übrigen flohen (eig.: vertrauten sich der Flucht an) und versteckten sich in den nächsten Wäldern.

Dieser Teil des Stammes wurde tigurinisch (= die Tiguriner) genannt; denn die gesamte helvetische Bevölkerung ist in vier Teile oder Stammesgruppen unterteilt. Diese eine Stammesgruppe hatte, als sie die Heimat verlassen hatte (eig.: als sie von zu Hause weggegangen war), zur Zeit unserer Väter den Konsul Lucius Cassius getötet und sein Heer unters Joch geschickt. So wurde – sei es durch Zufall, sei es nach dem Plan der unsterblichen Götter – derjenige Teil der helvetischen Bürgerschaft (des helvetischen Stammes), der dem römischen Volk eine schwerwiegende Niederlage zugefügt hatte, als erster (Stamm) bestraft [= büßte … als erster].

1.

a) interfecerat (Z. 7), b) Is (Z. 5)

2.

a) sive consilio deorum immortalium (Z. 8)

b) quae pars civitatis Helvetiae insignem calamitatem populo Romano intulerat, ea princeps poenas persolvit. (Z. 8 ff.)

F Nach dem Krieg

Den Helvetiern befahl er, in ihre Gebiete, von wo (aus) sie aufgebrochen waren, zurückzukehren, und weil es nach Verlust aller Feldfrüchte (eig.: nachdem alle Feldfrüchte verloren worden waren) in der Heimat nichts mehr gab, womit (wodurch) sie den Hunger ertragen konnten, trug er den Allobrogern auf, ihnen eine (gewisse) Menge an Getreide zu Verfügung zu stellen; ihnen selbst befahl er, die Städte und Dörfer, die sie angezündet hatten, wiederaufzubauen.

Dies tat er hauptsächlich mit (in) dieser Absicht, weil er nicht wollte, dass dieser Ort, von dem die Helvetier weggezogen waren, leer stehe, damit nicht wegen der guten Beschaffenheit des Bodens (eig.: der Äcker) die Germanen, die jenseits des Rheines wohnen, aus ihrem Gebiet in das Gebiet der Helvetier herüberkämen und dann der Provinz Gallien und den Allobrogern benachbart wären.

1.

in ihre Heimat zurückkehren; Nahrung; Getreide; die Germanen ins Gebiet der Helvetier ziehen.

2.

a) Präfix re- („wieder") + statuere („errichten")

b) Präfix dis- („auseinander") + cedere („gehen")

c) bonus („gut") + Suffix -tas (Eigenschaft)

2. Die Propaganda des Augustus

S. 170 f.

A Die Machtübernahme in der Darstellung des Augustus

In (meinem) sechsten und siebten Konsulat habe ich, nachdem ich die Bürgerkriege beendet hatte (und) nachdem ich durch Einstimmigkeit aller die ganze Macht (eig.: die Macht über alle Angelegenheiten) erlangt hatte, den Staat aus meiner Macht in die Entscheidungsgewalt des Senats und des römischen Volkes übergeben.

Für diese meine Leistung wurde ich auf (durch) Senatsbeschluss „Augustus" [= „der Erhabene"] genannt, die Türpfosten meines Hauses wurden öffentlich mit Lorbeerkränzen verziert (geschmückt), der Bürgerkranz wurde über meinem Eingang befestigt und ein goldener Schild wurde in der Curia Julia [= Tagungsort des Senats] aufgestellt.

Dass mir der Senat und das römische Volk diesen (Schild) aufgrund meiner Tapferkeit, Milde, Gerechtigkeit und meines Pflichtgefühls geben, ist durch die Inschrift dieses Schildes bezeugt.

Nach dieser Zeit übertraf ich (zwar) alle an Ansehen, aber hatte um nichts mehr an Amtsgewalt als die Übrigen, die auch mir im Amt Kollegen waren.

1.

a) den Senat und das Volk

b) seiner Tugend, Milde, Gerechtigkeit und seines Pflichtbewusstseins

c) Amtsgewalt; auctoritas (= Ansehen)

B Die Machtübernahme in der Darstellung des Tacitus

– Übersetzung: siehe Buch

1.

4 Zeilen

2.

Tod (Z. 1/3), besiegt (Z. 2), Ausschaltung (Z. 3)

3.

durch Geschenke an die Soldaten, Getreidespenden ans Volk, Schaffung von Frieden, den Tod möglicher Gegner, Förderung der unterwürfigen Adeligen

4.

Den Soldaten und dem Volk, die sich korrumpieren ließen (Z. 7–9) bzw. den Adeligen, die durch Reichtum und Ehrenämter zufriedengestellt wurden.

S. 172 f.

C Augustus – der Friedenskaiser

Als ich [= Augustus] aus Spanien und Gallien nach erfolgreicher Erledigung der Angelegenheiten in diesen Provinzen (eig.: nachdem die Taten in diesen Provinzen erfolgreich vollbracht worden waren) nach Rom zurückkehrte, beschloss der Senat unter den Konsuln Tiberius Nero und Publius Quintilius, dass der Friedensaltar des Augustus für meine Rückkehr beim Marsfeld zu weihen sei (geweiht werden müsse), auf dem [= Altar] er [= der Senat] den Beamten sowie Priestern und vestalischen Jungfrauen ein jährlich wiederkehrendes Opfer zu erbringen befahl (= auf dem auf Befehl des Senats die Beamten … abhalten sollten).

Der Senat beschloss, dass der Tempel des Janus Quirinus, von dem unsere Vorfahren wollten, dass er geschlossen sei, wenn im ganzen Reich des römischen Volkes zu Land und zu Wasser durch Siege Friede geschaffen worden war, während (hingegen) überliefert wird, dass er, bevor ich geboren wurde, von der Gründung der Stadt [= Rom] an insgesamt (nur) zwei Mal geschlossen gewesen ist, unter mir als Prinzeps dreimal zu schließen sei (eig.: geschlossen werden müsse).

1.
a) R; b) R; c) F

D Poesie als Propagandamittel – Übersetzung: siehe Buch

S. 176
Abschlussquiz

1. Demosthenes	12. Confoederatio Helvetica
2. d)	13. von Augustus selbst
3. c)	verfasster Bericht über seine
4. R	Taten
5. Catilina	14. c)
6. b)	15. d)
7. a)	16. F
8. Mark Anton	17. R (Cäsar galt ab 42 v. Chr.
9. R	als höchster Staatsgott
10. a)	neben Jupiter.)
11. b)	18. Rostra, Curia Iulia, Ara Pacis

Witz, Spott, Ironie

Komödie

Plautus, Amphitruo

S. 178 f.

A Der Prolog

Dies ist die Stadt Theben. In jenem Haus wohnt Amphitruo, geboren in Argolis, Sohn des Argus (eig.: vom Vater Argus), der mit Alcumena verheiratet ist, der Tochter des Electrus. Dieser Amphitruo ist jetzt Befehlshaber über die Legionen, denn das Volk von Theben liegt im Krieg mit den Teloboern (eig.: dem thebanischen Volk ist Krieg mit den Teloboern). Bevor dieser von hier selbst zum Heer ging, schwängerte er seine Ehefrau Alcumena (eig.: machte er … schwanger). Denn ich glaube, dass ihr schon wisst, wie mein Vater ist und welch großer (großartiger) Liebhaber er ist, wenn ihm einmal etwas gefällt. Dieser begann Alcumena hinter dem Rücken ihres Mannes (= ohne Wissen ihres Mannes) zu lieben (und) beanspruchte (eig.: nahm) den Genuss ihres Körpers für sich und schwängerte sie durch seinen Beischlaf.

Damit ihr nun über Alcumena genau Bescheid wisst: Sie ist von beiden schwanger, sowohl von ihrem Mann als auch vom höchsten Jupiter. Und mein Vater schläft nun da drinnen mit jener und deshalb wurde diese (heutige) Nacht verlängert (eig.: länger gemacht). Er verwandelte sich selbst in die Gestalt Amphitruos und alle Sklaven, die (ihn) sehen, glauben, dass er es ist: So verwandelt er sich, wenn es ihm gerade gefällt.

(Mein) Vater lässt es sich da drinnen nun nach seinem Geschmack gut gehen: Er schläft (bei ihr) und umarmt, wonach er sich am meisten sehnt. Mein Vater erzählt Alcumena die Dinge, die von jenem [= Amphitruo] bei der Legion (im Heer) vollbracht wurden: Jene meint, es sei ihr Mann – jene, die (in Wirklichkeit aber) mit einem Ehebrecher zusammen ist. Dort berichtet nun mein Vater, wie er die Legionen der Feinde in die Flucht schlug, (und) wie er mit sehr vielen Geschenken (= großer Beute) überhäuft (eig.: beschenkt) wurde.

Heute nun wird Amphitruo von seinem Heer hierherkommen und (mit ihm) ein Sklave, dessen Gestalt ich trage.

Damit ihr uns nun leichter unterscheiden könnt: Ich werde immer dieses Flügelpaar am Hut tragen (eig.: haben); mein Vater aber hat [= Dat. possessivus] einen goldenen (Haar-) Knoten unter dem Helm: Dieses Zeichen wird der (echte) Amphitruo nicht tragen (= haben). Diese Zeichen wird niemand von diesen (= seinen) Freunden sehen können: Ihr aber werdet (sie) sehen!

Dort aber ist Amphitruos Sklave Sosia: Dort kommt er nun vom Hafen mit einer Laterne (heran). Ich werde (will) jenen jetzt, wenn er ankommt, vom Haus vertreiben. Passt auf: Es wird sich für die Zuschauer hier lohnen (eig.: Es wird der Lohn der Mühe für die, die hier zusehen, sein), dass Jupiter und Merkur ein Schauspiel veranstalten (eig.: machen).

1.
Krieg gegen die Teloboer führt, Alcumena, Merkur, Alcumena, Amphitruo, Ehemann, Sosia, vetreiben
2.
a) F; b) F; c) R; d) F

S. 180 f.

B Jupiters Goodbye nach der Liebesnacht

JUPITER: Leb wohl, Alcumena, sorge wie immer für das gemeinsame Haus! Und, bitte, schone dich: Du siehst, dass die Monate (der Schwangerschaft) für dich schon vorbeigegangen sind (= dass die Stunde der Geburt schon naht). Ich muss von hier weggehen (eig.: Es ist mir nötig von hier zu gehen); du aber ziehe auf, was (= wen) du gebären wirst!

ALCUMENA: Du bist erst gestern mitten in der Nacht gekommen, nun gehst du (wieder) weg. Gefällt (dir) das?

JUPITER: Aber, was sagst du, meine Ehefrau – es gehört sich nicht, dass du mir zürnst. Ich bin heimlich von der Legion fortgegangen: Ich entzog mich diesem Dienst für dich! Nun muss ich heimlich dorthin zurückkehren, damit die Legion es nicht bemerkt, (und) damit sie nicht sagen, dass ich meine Gattin gegenüber (eig.: vor) dem Staat bevorzugt habe (hätte).

ALCUMENA: Durch dein Weggehen bringst du deine Ehefrau zum Weinen.

JUPITER: Ich lasse dich nicht gerne (= nur ungern) hier zurück und gehe nicht (gerne) ohne dich fort.

ALCUMENA [*Ironie!*]: (Ja ja), ich merke (es), denn in derselben Nacht, in der du zu mir gekommen bist, gehst du (wieder) weg.

JUPITER: Warum hältst du mich zurück? Es ist Zeit: Ich will aus der Stadt gehen, bevor es hell wird.

1.
a) ihr Kind aufziehe
b) das Heer heimlich verlassen habe
c) seine Frau dem Staat gegenüber bevorzuge

C Amphitruos Heimkehr aus dem Krieg

SOSIA: Amphitruo, es ist (wohl) besser, dass wir zum Schiff zurückkehren.

AMPHITRUO: Weshalb?

SOSIA: Weil zu Hause niemand ist, der den Heimkehrern (eig.: den Ankommenden) eine Mahlzeit geben wird.

AMPHITRUO: Wieso fällt dir das jetzt ein?

SOSIA: Weil wir nämlich (zu) spät angekommen sind.

AMPHITRUO: Wie?

SOSIA: Weil ich erkenne, dass eine satte Alcumena vor dem Haus steht.

AMPHITRUO: Ich ließ jene hier als Schwangere zurück, als ich wegging.

SOSIA: Oh weh!

AMPHITRUO: Du hast mich gestern hier gesehen?

ALCUMENA: Ich, sag ich dir, kann es (dir auch noch) zehnmal sagen, wenn du willst.

AMPHITRUO: Vielleicht in (deinen) Träumen?

ALCUMENA: Ganz im Gegenteil, wach sah ich dich, als du wach warst (eig.: den Wachenden).

AMPHITRUO: Wehe mir!

SOSIA: Was ist mit dir?

AMPHITRUO: Meine Ehefrau ist verrückt!

ALCUMENA: Beim Kastor, freilich bin ich gesund und bei Sinnen (eig.: unbeschädigt)!

AMPHITRUO: Warum also behauptest du (dann), dass du mich gestern gesehen hättest (hast), wo wir (eig.: die wir …) doch erst in der letzten Nacht im Hafen angelangt sind (eig.: in den Hafen gefahren sind)? Ich habe dort gespeist und dort (auch) die ganze (eig.: ewige) Nacht lang im Schiff geschlafen.

ALCUMENA: Ganz im Gegenteil, du hast mit mir gegessen und mit (bei) mir geschlafen.

AMPHITRUO: Was ist (mit dir)?

ALCUMENA: Ich sage die Wahrheit (eig.: Wahres).

AMPHITRUO: Freilich nicht in Bezug auf diese Sache, beim Herkules; bezüglich anderer Dinge weiß ich es nicht.

ALCUMENA: Beim ersten Morgengrauen bist du zu deinen Legionen (fort)gegangen!

1.
a) Er vermutet, dass sie gerade gegessen hat und deswegen einen dicken Bauch hat. Tatsächlich ist sie aber schwanger.
b) Weil Herkules ja der Name seines (noch ungeborenen) Sohnes sein wird.

S. 182 f.

D Wer ist der richtige Amphitruo?

BLEPHARO: Sag du mir: Wie heißt du?

AMPHITRUO: Amphitruo.

BLEPHARO: Und du?

JUPITER: Amphitruo – nicht anders.

BLEPHARO: Du aber (sag), wo wohnst du?

AMPHITRUO: In jenem Haus.

BLEPHARO: Was sagst nun du?

JUPITER: Ganz im Gegenteil, ich (wohne hier)!

BLEPHARO: Wer ist deine Ehefrau?

AMPHITRUO: Alcumena, die mich elend zugrunde gerichtet hat.

BLEPHARO: Wer aber ist deine Ehefrau?

JUPITER: Alcumena, deretwegen ich auf erbärmliche Weise [eig. Plural] zugrunde gehe.

BLEPHARO: So scheint jeder von (euch) beiden Amphitruo zu sein!

BLEPHARO: Ich möchte (werde) es wiederum prüfen. Wer von euch beschuldigt seine Frau des Ehebruchs?

AMPHITRUO: Ich!

BLEPHARO: Du bist sicher unser Mann! Wer kam wieder in Liebe (= der Liebe wegen) zurück?

JUPITER: Ich!

BLEPHARO: Es ist nötig, dass auch du unser Mann bist (= auch du musst unser Mann sein)! Nun ist guter Rat teuer (eig.: Nun gibt es einen Mangel an Rat).

JUPITER: Wenn uns hier nicht irgendein Gott helfen sollte, meine ich, dass die Hoffnung aufgegeben werden muss!

E Kaum geboren und schon eine Heldentat!

BROMIA: Nachdem sie geboren hatte, befahl sie uns, die Buben zu waschen (= zu baden). Wir fingen an. Aber jener Bub, den ich wusch: Wie groß und wie kräftig er ist (war)! Auch konnte niemand ihn in Windeln wickeln. Nachdem er in die Wiege gelegt worden war, flogen [historisches Präsens, wie auch nachher] von oben zwei sehr große, mit einem Kamm versehene Schlangen in das Impluvium herab: Sofort hoben beide die Köpfe in die Höhe (empor).

AMPHITRUO: Oh weh!

BROMIA: Erschrick nicht (= Fürchte dich nicht)! Die Schlangen aber betrachteten mit ihren Augen alle von allen Seiten. Nachdem sie die Buben erblickt hatten, machten sie sich schnell auf den Weg zur Wiege. Ich zog und zerrte (eig.: führte) die Wiege beiseite, während (weil) ich um die Buben und um mich fürchtete; und die Schlangen setzten (folgten) umso heftiger nach. Nachdem der eine (eig.: jener) Bub die Schlangen erblickt hatte, sprang er schnell aus der Wiege heraus und startete (machte) einen Angriff direkt auf die Schlangen: Schnell packte (ergriff) er sie, jede mit einer Hand.

AMPHITRUO: Du berichtest Wundersames [= n. Pl.], eine allzu furchterregende Tat verlautbarst du; denn durch deine Worte (= bei deinen Worten) erfasst mir Elendem ein Schauer die Glieder! Was geschah dann? Sprich weiter!

BROMIA: Der Bub tötete beide Schlangen. Während dies geschah, rief jemand mit lauter Stimme deine Ehefrau.

AMPHITRUO: Welcher Mensch?

BROMIA: Der höchste Herrscher der Götter und der Menschen, Jupiter! Er sagte, dass er mit Alcumena heimlich geschlafen habe und dass es (eig.: dieser) sein Sohn sei, der jene Schlangen besiegte; er sagte, der andere Bub sei der deine (= dass der andere Bub deiner sei).

AMPHITRUO: Es ärgert mich wahrhaftig nicht, wenn es mir möglich (erlaubt) ist, die Hälfte des Glücks mit Jupiter zu teilen! Geh nach Hause, lass für mich sofort reine (= geweihte) Gefäße bereitstellen, damit ich durch viele Opfertiere die Gunst (eig.: den Frieden) des höchsten Jupiter erlange (erlangen kann)!

1.
a) R; b) F; c) R

F Ein Happy End?

JUPITER: Sei guten Mutes, Amphitruo, ich stehe dir und deinen Leuten zur Seite. Zuallererst hatte ich Genuss an Alcumenas Körper, und (dann) habe ich sie mit einem Sohn schwanger gemacht durch meinen Beischlaf. Du hast sie ebenso geschwängert (schwanger gemacht), als du zum Heer aufgebrochen bist: Mit einer Geburt hat sie gleichzeitig zwei (Söhne) geboren! Der eine von ihnen (diesen), der von meinem (eig.: unseren) Samen empfangen wurde, wird dich durch seine Taten zu unsterblichem Ruhm bringen (eig.: mit unsterblichem Ruhm versehen). Du kehre mit deiner Ehefrau Alcumena zur alten Liebe zurück: Sie hat es nicht verdient, dass du ihr deshalb Vorwürfe machst! Durch meine Macht (eig.: Gewalt) ist sie dazu gezwungen worden, es zu tun! Ich wandere (wieder) in den Himmel.

AMPHITRUO: Ich werde (es so) machen, wie du (es) befiehlst, und ich bitte dich, dass du deine Versprechen hältst. Ich werde zu meiner Ehefrau hineingehen!

Nun, Zuschauer, klatscht laut des höchsten Jupiter wegen!

Anekdoten

1. Berühmte Griechen

S. 184 f.

A Sokrates: Heiraten oder Single bleiben?

Gefragt von einem (gewissen) jungen Mann, ob er es für besser halte, zu heiraten oder nicht zu heiraten, sagte Sokrates: „Was auch immer von beidem du machst, du wirst es bereuen!", und er urteilte [= PC beiordnend], dass

sowohl die Ehelosigkeit als auch die Ehe ihre Beschwerlichkeiten hätten: Um diese zu ertragen, sagte er, müsse der Geist vorbereitet werden.

Die Ehelosigkeit begleiten Einsamkeit, Kinderlosigkeit, der Untergang des Geschlechtes [= der Familie] und ein fremder Erbe; die Ehe aber (begleiten) ewige Sorge, ununterbrochene Klagen, der Vorwurf wegen der Mitgift, eine unsichere Zukunft der Kinder und unzählige andere Nachteile.

Daher ist (besteht) hier keine Auswahl, so wie zwischen gut und schlecht, sondern (nur) wie zwischen leichteren und schwereren Unannehmlichkeiten.

1.
• Nachteile der Ehelosigkeit: solitudo (Einsamkeit), orbitas (Kinderlosigkeit), generis interitus (Untergang der Familie), heres alienus (ein fremder Erbe)
• Nachteile der Ehe: perpetua sollicitudo (ständiger Kummer), iuges querelae (ununterbrochene Klagen), dotis exprobratio (Vowurf wegen der Mitgift), incertus liberorum eventus (unsichere Zukunft der Kinder)

B Diogenes: Der „Hundsphilosoph"

Als Diogenes auf einer öffentlichen Straße frühstückte und viele wegen der Ungewöhnlichkeit des Schauspiels um ihn herumstanden und ziemlich oft „Hund, Hund!" schrien, sagte er: „Ganz im Gegenteil, ihr seid Hunde, weil (= die) ihr um einen Frühstückenden herumsteht!"

Als Diogenes bei einem Gastmahl anwesend war, riefen ihn die(jenigen), die bei Tisch lagen, „Hund" und warfen ihm Knochen vor die Füße, weil man dies mit Hunden (so) zu machen pflegt. Als jener aber wegging, pinkelte er die bei Tisch liegenden (Leute) von hinten an und gab (damit) zu verstehen [*significans* = PC beiordnend], dass auch das eine Gewohnheit der Hunde ist (sei).

1.
canis (Z. 2): 5. F. Sg.
canes (Z. 3): 1. F. Pl.
canem (Z. 5): 4. F. Sg.
canibus (Z. 5): 3. F. Pl.

C Leonidas: Eine lakonische Antwort

Mit freudigem Sinn (= freudigen Herzens) kamen die Spartaner an den Thermopylen, (bekanntlich) um, für (über) die Simonides schrieb: „Sag, Fremder, in Sparta, dass du uns hier liegen(d) gesehen hast, während (= weil) wir den heiligen Gesetzen des Vaterlandes gehorchten."

Was sagte Leonidas, jener Anführer, nachdem (den Spartanern) entweder eine schändliche Flucht oder ein glorreicher Tod in Aussicht gestellt worden war (= zur Wahl stand)? – „Macht euch mit tapferem Herzen auf den Weg, Spartaner, heute werden wir vielleicht in der Unterwelt speisen."

Einer von diesen sagte, als ein persischer Feind in einer Unterredung prahlend gesagt hatte: „Ihr werdet die Sonne wegen der Menge an Speeren und Pfeilen nicht sehen!" – „Wir werden also im Schatten kämpfen!"

1.

Unterschiede in der Formulierung: a) „kommst du nach Sparta" vs. „in Sparta", „wie das Gesetz es befahl" (Sg.) vs. sanctis legibus („die heiligen Gesetze", Pl.), „(das Gesetz) befahl" vs. (legibus) obsequimur („wir gehorchten den Gesetzen")

2. Berühmte Römer

S. 186 f.

A Cicero, die bewunderte Kichererbse

Von Ciceros Vorfahren hatte einer eine Warze auf der Nasenspitze, die dem Kern einer Kichererbse glich. Daher wurde seinem Geschlecht das Cognomen [= der Beiname] „Cicero" gegeben. Als dies Marcus Tullius von einigen vorgeworfen wurde, sagte er: „Ich werde mich bemühen, dass dieses Cognomen [= dieser Beiname] den Ruhm der vornehmsten Namen übertrifft!"

Als er diese Künste erlernte, mit denen das Kinderalter zu Bildung heranerzogen (= unterrichtet) zu werden pflegt, zeigte sich sein Talent so (eindeutig), dass die Gleichaltrigen, wenn sie aus der Schule zurückkehrten, diesen wie einen König umringten und ihn nach Hause begleiteten: Ja sogar deren Eltern kamen, veranlasst durch den Ruhm des Buben, regelmäßig in die Elementarschule, um ihn zu sehen.

1.

a) F; b) F; c) R; d) R

B Cäsar, der zweifache Konsul

Als Amtskollege zur Seite gestellt (eig.: gegeben) wurde ihm [= Cäsar] Marcus Bibulus, dem Cäsars Beschlüsse nicht gefielen. Nach Amtsantritt (eig.: nachdem das Amt angetreten worden war) brachte Cäsar ein Ackergesetz ein. Als der Senat diesem (gegen dieses) Gesetz Widerstand leistete, übertrug (übergab) Cäsar die Angelegenheit an das Volk. Sein Amtskollege Bibulus kam auf das Forum, um sich dem Gesetzesantrag entgegenzustellen, aber es wurde ein so großer Aufstand hervorgerufen, dass ein Korb voll Mist über den Kopf des Konsuls geschüttet und die Rutenbündel zerbrochen wurden. Schließlich wurde Bibulus, nachdem er von Cäsars Leibwächtern vom Forum vertrieben worden war, (dazu) gezwungen, sich für die restliche Zeit des Jahres zu Hause aufzuhalten und sich von der Kurie fernzuhalten.

Inzwischen verwaltete Cäsar alles im Staat allein (= als Einziger) (und) nach seinem eigenen Gutdünken (= nach seiner eigenen Vorstellung). Daher sagten einige witzige Menschen, dass das, was in diesem Jahr geschehen ist, nicht – wie es Sitte war – unter den Konsulen Cäsar und Bibulus, sondern unter den Konsulen Julius und Cäsar geschehen sei, indem sie einen Konsul mit Familiennamen und Beinamen statt zwei (Konsuln) nannten.

1.

a) einem Korb voll mit Mist
b) Julius, Cäsar

C Augustus, der sittenstrenge Vater

Augustus sagte unter seinen Freunden, dass er zwei attraktive Töchter habe, die er ertragen müsse: den Staat und Julia. Diese war mit ziemlich (allzu) freizügigem Gewand zu ihm gekommen und hatte (damit) die Augen des schweigenden Vaters verletzt.

Am folgenden Tag wechselte (veränderte) sie den Stil ihres Outfits und umarmte den fröhlichen (erfreuten) Vater mit vorgespielter Ernsthaftigkeit (Strenge). Jener aber, der tags zuvor (am Vortag) seinen Schmerz zurückgehalten hatte, konnte seine Freude nicht zügeln und sagte: „Wie viel erfreulicher ist (doch) dieses Outfit an der Tochter des Augustus!" Julia war mit diesen (folgenden) Worten um eine Ausrede nicht verlegen: „Heute habe ich mich nämlich für die Augen des Vaters geschmückt (gestylt), gestern für die Augen eines Mannes."

1.

a) dolorem (Z. 4) = den Schmerz – gaudium (Z. 5) = die Freude
b) patris (Z. 7) = des Vaters – viri (Z. 7) = des Mannes

3. Römische Schlagfertigkeit

S. 188 f.

A Kein Allroundtalent

Bei Lucius Mallius, der die Kunst des Malens (od.: zu malen) gut verstand (beherrschte) und als bester Maler Roms (oder: in Rom) galt, speiste zufällig Servilius Geminus. (Und) als er dessen hässliche Söhne gesehen hatte, sagte er: „(Mein) Freund, du zeugst und malst (aber) nicht ähnlich (= in gleicher Weise)!" Und Mallius sagte: „In der Dunkelheit zeuge ich nämlich, bei Licht male ich."

1.

a) fingis (Z. 3) = du zeugst – pingis (Z. 3) = du malst
b) in tenebris (Z. 4) = in der Dunkelheit – luce (Z. 4) = bei Licht

B Ein zu kurz geratener Schwiegersohn

Als Cicero seinen Schwiegersohn Lentulus, einen sehr kleinwüchsigen Mann (eig.: einen Mann von winziger Gestalt), mit einem langen Schwert umgürtet gesehen hatte, sagte er: „Wer hat meinen Schwiegersohn an das Schwert angebunden?"

1.

exiguae – longo

2.

Darin, dass die normalen Verhältnisse umgedreht sind (nicht das Schwert ist an den Besitzer, sondern der Besitzer an das Schwert angebunden).

C Vertrauen ist gut, Kontrolle besser

Scipio Nasica lebte mit dem Dichter Ennius in enger Freundschaft. Als er [= Scipio Nasica] zu diesem gekommen war und ihm, als er von der Tür aus nach ihm [= Ennius] fragte, eine Sklavin gesagt hatte, dass Ennius nicht zu Hause sei, bemerkte Nasica, dass jene (das) auf Befehl des Herrn gesagt hatte und dass jener (sehr wohl = doch) drinnen war.

Als Ennius wenige Tage später zu Nasica gekommen war und von der Eingangstür aus nach ihm fragte, rief Nasica selbst, dass er nicht zu Hause sei. Dann sagte Ennius: „Was? Erkenne ich deine Stimme (etwa) nicht?" Hier(auf) (erwiderte) Nasica: „Du bist ein unverschämter Mensch: Als ich dich aufsuchte, glaubte ich deiner Sklavin, dass du nicht zu Hause bist (warst / wärest); du (aber) glaubst nicht (einmal) mir selbst."

1.

a) ostio (Z. 2) = Türe – ianua (Z. 4)

b) dixisset (Z. 2) = sagen – inquit (Z. 7)

D Lukullisches

Lucullus hatte (= besaß) ein aufgrund der Aussicht und einer Wandelhalle sehr schönes Landhaus. Nachdem Pompeius dorthin [quo = relativer Anschluss] gekommen war, kritisierte er einzig das (dieses Eine), dass diese Behausung im Sommer zwar sehr angenehm sei, aber im Winter wenig zweckmäßig (behaglich) erscheine. Lucullus sagte zu diesem [cui = relat. Anschluss]: „Glaubst du, dass ich weniger klug bin als die Schwalben, die beim Herannahen des Winters (= wenn der Winter kommt) ihren Wohnsitz wechseln (verändern)?"

Dem Prunk (= der Großartigkeit) seiner Landhäuser entsprach der Aufwand für die Mahlzeiten. Als ihm irgendwann einmal ein bescheidenes, da ja (nur) für ihn allein (bestimmtes), Mahl vorgesetzt worden war, tadelte Lucullus den Koch heftig und sagte zornig zu diesem (Koch), der sich entschuldigte und meinte, dass er kein ordentliches Festessen hätte vorbereiten müssen, weil niemand zum Gastmahl eingeladen worden sei: „Was sagst du? Wusstest du etwa nicht, dass Lucullus heute bei Lucullus speisen wird?"

1.

a) habitare („wohnen") + Suffix -tio („-ung")

b) Präfix per- (Verstärkung) + amoenus („lieblich")

c) Präfix ad- („hin") + venire („kommen")

d) ne- (Verneinung) + scire („wissen")

Epigramme

1. Catull

S. 190 f.

A Der Bock

Wundere dich nicht, Rufus, warum keine Frau ihren zarten Schenkel unter dich legen will, nicht (einmal), wenn du jene mit dem Geschenk eines dünnen [= durchsichtigen] Kleides (oder: eines seltenen Gewandes) oder durch die Verlockung eines glänzenden Steins wankend machen solltest! Dich verletzt (= dir schadet) ein gewisses böses Gerücht, demzufolge (= wonach) dir ein grimmiger Ziegenbock unter dem Tal der Achseln [= in den Achselhöhlen] wohnen soll. Alle fürchten diesen und es (= das) ist nicht verwunderlich: Denn er ist ein sehr böses wildes Tier, mit dem kein schönes Mädchen schläft (schlafen möchte). Darum vernichte entweder die grausame Pest für die Nasen oder höre auf, dich zu wundern, warum sie fliehen!

1.

C – E – B – A

2.

a) F; b) R; c) R; d) F

3.

a) femina (V. 1)

b) laedit (V. 5)

c) pestem (V. 9)

d) vestis (V. 3)

B Der Möchtegern-Intellektuelle

„Chommoda", sagte Arrius, wenn er einmal „commoda" sagen wollte, und „hinsidias" anstelle von „insidias". Und dann hoffte er, wunderbar gesprochen zu haben (Und dann hoffte er, dass er wunderbar gesprochen habe), wenn er „hinsidias" gesagt hatte, so laut er konnte. Ich glaube, so hatten seine Mutter, so sein freigelassener Onkel, so sein Großvater mütterlicherseits und seine Großmutter geredet. Nachdem dieser nach Syrien geschickt worden war, hatten sich die Ohren aller erholt: Sie hörten dieselben Worte (eig.: dieses selbe) sanft und leicht und sie fürchteten für ihre Ohren später solche Worte nicht, als plötzlich die schreckliche Botschaft überbracht wurde, dass die ionischen Fluten, nachdem Arrius dorthin gegangen sei, nicht mehr die „Ionischen", sondern die „Hionischen" seien.

1.

mater (V. 5), avunculus (V. 5), avus (V. 6), avia (V. 6)

2.

chommoda (V. 1), hinsidias (V. 2 und 4), Hionios (V. 12)

Wusstest du eigentlich …

hochstilisieren, Affäre, Option, irregulär, sekundär

2. Martial

S. 192

A Jeder kennt Martial!

Mein Rom lobt, liebt und zitiert meine (eig.: unsere) (Gedicht-)Büchlein,

und alle Taschen besitzen mich, jede Hand (besitzt) mich. Siehe, da errötet einer, ist blass vor Neid, ist verblüfft, steht mit offenem Mund da und hasst (mich):

Dies will ich, jetzt gefallen mir (eig.: uns) meine (eig.: unsere) Gedichte!

1.

a) me manus (V. 2); nunc nobis (V. 4); oscitat odit (V. 3)

b) laudat, amat, cantat (V. 1); rubet quidam, pallet, stupet, oscitat, odit (V. 3)

c) mea Roma (V. 1)

d) meque sinus omnes, me manus omnis (V. 2)

S. 193

B Liebe macht blind

„Quintus liebt Thais." – „Welche Thais?" – „Die einäugige Thais."

Thais hat ein Auge nicht, jener zwei (nicht). [= Thais fehlt ein Auge, Quintus fehlen beide Augen.]

1.

a) unum – duos

b) unum … Thais …, ille duos

c) ille duos (erg.: oculos non habet)

2.

a) sie in Vers 2 betont am Anfang und am Schluss stehen.

b) Quintus dann nicht der Erste bzw. Einzige ist, der Thais liebt, sondern „der Fünfte" (unter vielen Liebhabern).

C Weiße Zähne

Thais hat schwarze, Laecania schneeweiße Zähne. Welchen Grund gibt es (dafür)? Diese hat gekaufte (Zähne), jene ihre (eigenen).

1.

a) nigros – niveos

b) emptos haec … illa suos

c) niveos Laecania dentes (habet); illa suos (habet)

d) niveos … dentes

D Eine echte „Tussi"

Wenn ich mich (richtig) erinnere, Aelia, hattest du vier Zähne gehabt. Ein Husten(anfall) hat dir zwei (Zähne) ausgeschlagen, ein (weiterer Hustenanfall) zwei (weitere).

Jetzt kannst du an allen Tagen (eig.: die ganzen Tage hindurch) sorglos husten:

Nichts hat dort ein dritter Husten(anfall) (mehr), was er tun [= ausschlagen] könnte.

1.

a) Husten und Parodontose (= Zahnfleischschwund, der zu Zahnausfall führt)

b) Aelia durch Husten Zähne verliert; sie diese Angst bald nicht mehr haben muss, da sie keine Zähne mehr hat

S. 194

E Alzheimer

Du versprichst alles, wenn du die ganze Nacht lang (eig.: in der ganzen Nacht) getrunken hast.

In der Früh hältst du (dann) nichts ein. Trink in der Früh, Pollio!

1.

a) omnia – nihil

b) nocte – mane

c) promittis – nihil praestas

F Landflucht

Was mir der Acker (das Landgut) in Nomentum (ein)bringt, fragst du, Linus?

Dies (= das) bringt mir der Acker (ein): Ich sehe dich nicht, Linus!

1.

Der Titel ist nicht zutreffend, da Martial nicht *vom* Land flieht, sondern *aufs* Land.

G Unter den Blinden ist der Einäugige König

Entweder hast du alle Alten (= lauter Alte) als deine Freundinnen oder (lauter) Missgestaltete und (noch) Hässlichere als die Alten.

Diese führst du als Begleiterinnen und schleppst (eig.: ziehst) sie mit dir zu Gastmählern, durch Säulenhallen und Theater(aufführungen): So bist du, Fabulla, schön, so (bist du) ein (junges) Mädchen (= Nur so erscheinst du schön, Fabulla, nur so bist du ein junges Mädchen)!

1.

a) trahisque tecum (V. 3); formosa, Fabulla (V. 5)

b) + c) convivia, porticus, theatra (V. 4)

H Die Supernase

Tongilianus hat einen Riecher [= ist klug]. Ich weiß (es), ich leugne (es) nicht. Aber Tongilianus hat einfach nichts außer seiner Nase (= seinem Riecher).

1.

nasum habere: a) „klug sein" (= „einen Riecher für etwas haben"), b) „eine (große) Nase haben"

2.

non nego

I Erotische Arithmetik

In einer Nacht kann ich vier Mal. Aber wenn ich mit dir, Telesilla, (nur) einmal in vier Jahren kann, will ich des Todes sein.

1.

quater possum (V. 1); si possum … te … semel (V. 2)

2.

una / semel stehen am Anfang und Ende, während quater und quattuor davon „eingerahmt" werden (Chiasmus).

3.

hässliches

S. 195

J Der Grüßer

An welchem Ort auch immer du, Postumus, mir begegnest, rufst du (mich) sofort, und deine erste Äußerung (eig.: Stimme) ist dies(e): „Wie geht's?"

Wenn du mich zehn Mal in einer Stunde triffst (= treffen solltest), sagst du (genau) das(selbe): Du hast – glaube ich – nichts zu tun (eig.: nichts, was du tun könntest), Postumus!

1.

Dass er ihn aus Langeweile ständig fragt, wie es ihm gehe.

2.

How do you do?

K Der Neidhammel

Einer (Ein gewisser) zerplatzt vor (eig.: durch) Neid, liebster Julius,

weil Rom mich liest, er zerplatzt vor Neid.

Er zerplatzt vor Neid, weil in jeder (Menschen-)Menge immer mit dem Finger auf mich gezeigt wird, er zerplatzt vor Neid.

Er zerplatzt vor Neid, weil beide Kaiser mir das (Drei-)Kinderrecht geschenkt haben (weil jeder von beiden Kaisern mir … geschenkt hat), er zerplatzt vor Neid.

Er zerplatzt vor Neid, weil ich ein nettes (eig.: süßes) Landgut nahe bei der Stadt habe

und ein kleines Haus in der Stadt, er zerplatzt vor Neid.

Er zerplatzt vor Neid, weil ich bei den Freunden beliebt bin, weil ich häufig Gast (bin), er zerplatzt vor Neid.
Er zerplatzt vor Neid, weil ich (eig.: wir) geliebt und weil ich geschätzt werde:
Es soll (ruhig) zerplatzen, wer auch immer vor Neid zerplatzt!

1.
Manch einer zerplatzt vor Neid, weil Rom Martials Gedichte liest, weil ihn alle erkennen, weil er das Dreikinderrecht erhalten hat, weil er ein Landgut und ein Stadthaus hat, weil er häufig bei Freunden eingeladen ist und weil er geliebt und geschätzt wird.

2.
a) R; b) R; c) F; d) F

L Der Trinker

Wer glaubt, dass Acerra nach dem (eig.: vom) gestrigen Wein stinkt,
(der) täuscht sich (= wird getäuscht): Acerra trinkt immer bis zum Tageslicht [= Morgengrauen].

1.
Die überraschende Wendung, dass Acerra / der Patient entgegen den Erwartungen nach der Einleitung tatsächlich ein Alkoholproblem haben.

S. 196

M Der Glückspilz

Candidus, du allein hast (besitzt) Grundstücke, (und) du allein (hast) Münzen [= Geld].
Du allein hast Goldgeschirr, du allein hast ein Geschirr aus Achat.
Du allein hast Massikerwein und du allein (hast) Cäcuberwein des Opimiusjahrgangs.
Und du allein hast ein Herz (Verstand) und du allein hast Begabung (Talent).
Du allein hast alles, und glaube nicht, dass ich (das) leugnen will!
Deine Frau aber, Candidus, hast du mit dem Volk gemeinsam (= musst du mit dem Volk teilen).

1.
a) solus habes
b) seine Frau

N Der Dauernörgler

Tullius hatte einst „Oh Sitten! Oh Zeiten!" gesagt,
als Catilina das gottlose Verbrechen plante,
als der Schwiegersohn und der Schwiegervater mit Unheil bringenden Waffen zusammentrafen
und der traurige Boden von bürgerlichem Mord (= Blut) feucht war.
Warum sagst du jetzt „Oh Sitten!", warum sagst du jetzt „Oh Zeiten!"?
Was ist es, Caecilianus, was dir nicht gefällt?
Es gibt (eig.: ist) keine Brutalität der Führer und keine Raserei des Schwertes [= keine Waffengewalt].
Es ist möglich, sicheren Frieden und Fröhlichkeit zu genießen!

Nicht unsere (Sitten) bewirken (eig.: machen), dass dir deine Zeiten [= deine Gegenwart] widerlich sind, sondern deine (eigenen) Sitten bewirken (eig.: machen) das, Caecilianus.

1.
a) armis (V. 3)
b) caede (V. 4)
c) ducum (V. 7)
d) ferri (V. 7)

2.
Vers 1–4: Es wird erklärt, warum Cicero einst seinen Ausspruch geäußert hat.
Vers 5–6: Martial fragt den Nörgler, warum er Ciceros Ausspruch verwendet.
Vers 7–8: Martial weist darauf hin, dass jetzt Frieden herrscht.
Vers 9–10: Es wird erklärt, dass das Nörgeln nicht von den Zeitumständen, sondern vom Charakter abhängig ist.

3.
a) non nostri (mores) … sed … mores … tui (V. 9 f.)
b) Cur nunc … cur nunc (V. 5), nulla … nulla (V. 7)
c) civili caede (V. 4), non nostri (V. 9), tua tempora (V. 9)
d) sacrilegum … nefas (V. 1), diris … armis (V. 3), maestaque … humus (V. 4), pace … certa (V. 8), mores … tui (V. 10)

S. 197

O Der Kurpfuscher

Neulich (noch) war er (ein) Arzt, jetzt ist Diaulus (ein) Leichenträger:
Was er als Leichenträger macht, hatte er (früher) auch als Arzt gemacht.

1.
a) facit, fecerat
b) vispillo facit – fecerat … medicus
c) + d) nuper erat medicus, nunc est vispillo

2.
Diaulus als Arzt dasselbe macht wie als Leichenträger: Menschen ins Jenseits befördern.

P Der Hinterlistige

Gemellus strebt eine Heirat mit Maronilla an und begehrt (sie) und drängt und bettelt und beschenkt (sie).
Ist sie so schön? Ganz im Gegenteil, nichts (= keine) ist hässlicher.
Was also sucht man an jener (eig.: was wird bei jener angestrebt) und (was) gefällt (an ihr)? Sie hustet.

1.
a) Polysyndeton, et
b) tussit; bald sterben (und offensichtlich eine reiche Erbschaft hinterlassen) wird.

2.
Adeone pulchra est? Immo foedius nil est. (V. 3)

Roman

Petronius: Satyricon

S. 198 f.

A Ein unerwartetes Wortspiel bei Tisch

Trimalchio sagte fröhlich (vergnügt): „Schneide!" Sofort trat ein Trancheur vor und zerteilte das Hauptgericht (wild) gestikulierend zur Musik(begleitung). Nichtsdestoweniger (trotzdem) feuerte (ihn) Trimalchio mit sehr nachdrücklicher (eig.: sehr langsamer) Stimme an: „Schneide, schneide!"

Ich vermutete, dass sich dieses so oft wiederholte Wort (eig.: Stimme) auf irgendeinen feinen Witz bezog, und scheute mich nicht, den, der oberhalb von mir bei Tisch lag, genau das (eig.: dies selbst) zu fragen.

Aber jener, der (schon) öfters derartige Spiele(reien) betrachtet hatte, sagte: „Du siehst jenen, der das Hauptgericht schneidet: Er wird Carpus genannt (= Er heißt Carpus)! Sooft er [= Trimalchio] so ‚Carpe' sagt, ruft und befiehlt er mit demselben Wort."

1.
a) imperat (er befiehlt, Z. 8)
b) voce (mit der Stimme, Z. 3), vocem (die Stimme, Z. 4), vocatur (er wird genannt, Z. 7), vocat (er ruft, Z. 8)
2.
Dann wäre das Wortspiel ebenfalls möglich: „Schneid' er (= er schneide!), Schneider!"

B Vornehme Tischkonversation

Trimalchio trat (wieder) ein, und nachdem er sich die Stirn abgetrocknet hatte [eig.: Passiv], wusch er sich die Hände mit Parfüm. Und nach einer ganz kurzen Pause (eig.: Und nachdem eine sehr kleine Pause vorübergegangen war,) sagte er: „Verzeiht mir, Freunde, schon seit vielen Tagen hat mir (mein) Magen nicht gehorcht! Auch die Ärzte kennen sich nicht aus. Genützt (= geholfen) haben mir dennoch Granatapfelschale und Holzspäne in Essig. Ich hoffe dennoch, er [= der Magen] wird sich jetzt die alte Scham auferlegen (= zum alten Anstand zurückkehren).

Im Übrigen rumort (eig.: ertönt) es mir um meinen Bauch herum, du könntest es für einen Stier halten! Wenn daher einer von euch sein Geschäft verrichten will, soll er sich keinen Zwang antun. Niemand von uns wurde verstöpselt geboren! Ich glaube, dass keine Qual so groß ist wie sich zurückzuhalten. Dies allein kann nicht einmal Jupiter verbieten.

Du lachst, Fortunata, die du mich in der Nacht schlaflos zu machen pflegst? Und dennoch verbiete ich keinem, im Speisezimmer zu tun, was ihm hilft (= Erleichterung verschafft), und (auch) die Ärzte verbieten, sich zurückzuhalten. Wenn sogar etwas mehr kommt (kommen sollte), sind (= stehen) draußen alle Dinge bereit: Wasser, Nachttöpfe und die übrigen Kleinigkeiten.

Glaubt mir, wenn die Blähung ins Gehirn geht, verursacht sie sogar ein Rumoren im ganzen Körper. Ich weiß, dass viele (so) umgekommen sind, weil sie sich nicht die Wahrheit eingestehen wollten (eig.: während sie sich nicht das Wahre sagen wollten)!"

1.
a) Präfix inter- („dazwischen") + ponere („legen")
b) Präfix de- („weg") + somnus („Schlaf")
c) Präfix con- („zusammen") + tenere („halten")
2.
a) auf der Toilette war
b) seine Frau ihn – durch diverse Verdauungsgeräusche – wachhält
3.
c) ich weiß, dass viele gestorben sind

Fabeln

1. Phädrus

S. 200 f.

A Der Wolf und das Lamm

Zum selben Fluss waren ein Wolf und ein Lamm gekommen, angetrieben von Durst. Weiter oben stand der Wolf und (viel) weiter unten das Lamm. Dann suchte der Räuber, von unverschämter (dreister) Fressgier angetrieben, Grund für einen Streit [= Gen. obiectivus]: „Warum", sagte er, „hast du mir das Wasser trüb gemacht, als ich trank (eig.: mir, dem Trinkenden)?" Das wolletragende Tier dagegen (erwiderte) furchtsam (eig.: sich fürchtend): „Wie kann ich, bitte, tun, was du beklagst, Wolf? Von dir fließt das Wasser (eig.: die Flüssigkeit) zu meinem Maul (eig.: meinen Schlucken) herab!" Jener sagte, widerlegt durch die Kräfte der Wahrheit: „Vor mittlerweile sechs Monaten hast du mich beleidigt!" Das Lamm antwortete: „Da war ich freilich (noch gar) nicht geboren!" „Beim Herkules", sagte jener, „(dann) hat mich dein Vater beleidigt!", und so zerfleischt er das gepackte (Lamm) durch ungerechten Tod (= zerfleischte und tötete er das Lamm auf ungerechte Weise). Diese Fabel wurde wegen jener Menschen geschrieben, die mit vorgetäuschten Argumenten (eig.: Gründen) Unschuldige unterdrücken.

1.
b) Wer etwas Böses tun will, wird immer ein Argument finden, um es zu rechtfertigen.
2.
a) Gemeinsamkeiten sind die Protagonisten (Wolf und Lamm) und die Vorwürfe des Wolfs. Allerdings stehen bei Lessing die beiden Gegner auf verschiedenen Seiten des Flusses. Als der Wolf schließlich merkt, dass seine Argumente nicht stark genug sind, kann er nicht, wie bei Phaedrus, das Lamm töten, sondern zieht beleidigt davon. Um das Gesicht nicht zu verlieren, meint er, dass das Lamm Glück hätte, dass Wölfe immer so nachsichtig seien.
b) Gemeinsamkeiten sind wieder der Wolf und das Lamm, außerdem der Schauplatz am Bach. Unterschiede sind, dass die diversen Argumente des Wolfes fehlen und sich das Lamm auf nichts einlässt, weil es im (= bei) Äsop den Ausgang der Geschichte gelesen hat (wodurch der Inhalt der Fabel ad absurdum geführt wird).

B Der Fuchs und der Rabe

Wer sich freut, mit hinterlistigen Worten gelobt zu werden (= dass er mit hinterlistigen Worten gelobt wird), büßt (= erleidet) schändliche Strafen mit später Reue.

Als ein Rabe einen vom Fenster geraubten Käse fressen wollte und sich auf einem hohen Baum niederließ, sah ihn (eig.: diesen) ein Fuchs (und) begann dann so zu sprechen:

„Oh welchen Glanz, Rabe, haben deine Federn (eig.: welcher Glanz ist deiner Federn)! Wie viel (an) Schmuck trägst du am Körper und im Antlitz! Wenn du eine Stimme hättest, wäre (dir) kein Vogel überlegen!" Jener Dummkopf aber ließ, während (weil) er die Stimme zeigen wollte, den Käse aus dem Mund fallen, den der listige Fuchs schnell mit gierigen Zähnen raubte. Dann schließlich seufzte die getäuschte Dummheit des Raben auf (= Da schließlich seufzte der getäuschte Rabe über seine Dummheit).

1.
F – B – D – C
2.
a) F; b) F; c) R; d) F

C Der Fuchs und die Trauben

Gezwungen (getrieben) durch Hunger, suchte (begehrte) der Fuchs hoch oben am Weinstock eine Weintraube, indem er mit höchsten Kräften sprang.
Als er diese nicht berühren konnte, sagte er im Weggehen (= während er wegging):
„Sie ist noch nicht reif; ich will keine bittere (Traube) nehmen!"
Die, die das, was sie nicht tun können, mit Worten beschönigen, werden dieses Beispiel (= diese beispielhafte Erzählung) auf sich selbst beziehen müssen.

1.
a) summis … viribus (V. 2); hoc … exemplum (V. 6)
b) summis saliens (V. 2)
c) acerbam (uvam) (V. 4)

S. 202 f.

D Der Löwe und seine Jagdgefährten

Niemals ist die Freundschaft mit einem Mächtigen dauerhaft (eig.: treu): Diese kleine Fabel (Erzählung) bezeugt meine Behauptung.
Eine Kuh, eine Ziege und ein Schaf, das (es) gewohnt ist, Unrecht zu ertragen, lebten (eig.: waren) gemeinsam mit dem Löwen als Gefährten in den Wäldern. Weil (Als) diese einen ungeheuer großen Hirsch (eig.: Hirsch von riesigem Körper) gefangen hatten, sprach der Löwe, nachdem Teile gemacht worden waren, so:
„Ich nehme den ersten (Teil), weil ich Löwe genannt werde; den zweiten (Teil) werdet ihr mir geben, weil ich (euer) Teilhaber bin; weil ich stärker bin, wird mir dann der dritte (Teil) gebühren; wenn irgendjemand den vierten (Teil) berührt, wird er mit einer Strafe (einem Übel) versehen werden!"
So nahm die Unverschämtheit (= der unverschämte Löwe) allein die ganze Beute mit sich.

1.
a) locutus est (V. 6)   e) patiens (V. 3)
b) cepissent (V. 5)   f) primam (V. 7)
c) corporis (V. 5)   g) valeo (V. 9)
d) partibus (V. 6)   h) testatur (V. 2)

2.
- Gemeinsamkeiten: Die Tiere haben eine große Beute gemacht und wollen sie aufteilen. Dabei kommt es zu einer ungerechten Verteilung, wobei der Löwe wegen seiner Vormachtstellung den „Löwenanteil", also so gut wie alles, bekommt
- Unterschiede: Die Unterschiede liegen darin, dass bei Äsop nur drei Tiere beteiligt sind (bei Phädrus sind es vier), und dass im Vergleichstext ein Tier (der Esel) stirbt.

E Der zerplatzte Frosch

Der Schwache geht zugrunde, während er den Starken (Mächtigen) nachahmen will. Einst erblickte ein Frosch auf einer Wiese ein Rind und blies, berührt (erfüllt) vom Neid auf eine solche Größe, seine runzelige Haut auf. Dann fragte er seine Söhne, ob er größer als das Rind sei. Jene verneinten. Wieder spannte (blies) er die Haut mit größerer Anstrengung (auf) und fragte auf ähnliche Weise, wer größer sei. Jene sagten: „Das Rind." (Darüber) empört, lag er schließlich, als (eig.: während) er sich stärker aufblasen wollte, mit zerplatztem Körper da.

1.
a) cutem (V. 6)
b) quaesivit (V. 7)
c) potentem (V. 1)
d) inflare (V. 10)

F Die Frösche und die Wasserschlange

Die Frösche, die in freien Sümpfen umherzogen,
erbaten (einst) unter großem Geschrei von Jupiter einen König,
der die zügellosen Sitten mit Gewalt in Ordnung bringen (= unterdrücken) sollte.
Der Vater der Götter (= der Göttervater) lachte und gab jenen
einen kleinen Balken, der, nachdem er fallen gelassen worden war,
durch die plötzliche Bewegung und den Klang des Gewässers das ängstliche (Frosch-)Volk erschreckte.
Als dieser (Balken) länger(e Zeit) im Schlamm versenkt (herum)lag,
streckte zufällig ein Frosch seinen Kopf schweigend aus dem Tümpel
und rief, nachdem er den König überprüft (eig.: erforscht) hatte [eig.: passiv], alle herbei.
Nachdem die Furcht abgelegt worden war (= nachdem sie die Furcht abgelegt hatten), schwammen jene um die Wette heran
und die freche Menge sprang auf den Balken.
Als sie diesen [= den Balken] heftig beschimpft hatten,
entsandten sie (jemanden) zu Jupiter und baten um einen anderen König,
da derjenige (König), der (ihnen) gegeben worden war, ja unbrauchbar sei.
Dann schickte er jenen eine Wasserschlange, die mit scharfem Zahn
sie einzeln aufzufressen begann.

Vergeblich flohen sie wehrlos (= die Wehrlosen) vor dem Tod; die Furcht erstickte die Stimme.
Also gaben sie Merkur heimlich Weisungen für Jupiter (mit), dass er den Bedrängten zu Hilfe kommen solle. Der Gott [= Jupiter] sagte dann (aber) dagegen: „Weil ihr euren guten König nicht ertragen wolltet, erduldet (nun) einen schlechten!"

1.
a) Demokratie oder Anarchie
b) Alleinherrscher, der nicht eingreift
c) Alleinherrscher, der seine Macht gewaltsam ausübt (= Tyrann)
2.
Unterricht ohne Lehrer; Lehrer, der Schüler alles entscheiden lässt; Lehrer, der alles alleine entscheidet

2. Fabeln aus dem Mittelalter

S. 204 f.

A Die Maus und der Kater

Eine Maus fiel einmal in ein Fass Wein oder Bier. Ein vorbeigehender Kater hörte die Maus, die jämmerlich piepste, weil sie nicht herauskommen konnte.
Und der Kater sagte: „Warum rufst du?" Die Maus antwortete: „Weil ich nicht herauskommen kann." Der Kater (fragte): „Was wirst (willst) du mir geben, wenn ich dich herausziehe?" Die Maus (entgegnete): „Was auch immer du verlangst (forderst)."
Und der Kater sagte: „Wenn ich dich dieses Mal befreie, wirst du zu mir kommen, wenn ich dich rufe?" Und die Maus sagte: „Ich verspreche (dir) dies fest (= hoch und heilig)!" Der Kater (sagte): „Schwöre es mir!" Und die Maus schwor es. Der Kater zog die Maus heraus und erlaubte ihr zu gehen (= ließ sie gehen).

Einmal war der Kater hungrig und kam zum Mauseloch (eig.: Loch der Maus) und befahl ihr herauszukommen (= dass sie herauskommen solle). Die Maus sagte: „Das werde ich nicht tun!"
Der Kater sagte zornig: „Hast du es mir nicht geschworen?" Die Maus antwortete: „Bruder, ich war betrunken, als ich es schwor!"

1.
Ein Meineid; Unbelohnte Hilfsbereitschaft o. Ä.

B Der Fuchs und der Hahn

In einer (gewissen) sehr kalten Nacht kam ein (gewisser) hungriger Fuchs heraus, um Nahrung für sich zu sammeln, und als er selbst zu einem (gewissen) Grundstück kam, hörte er einen krähenden (eig.: singenden) Hahn (= einen Hahn krähen). (Und) der Fuchs fragte den Hahn: „Hahn, warum (was) krähst du in dieser dunklen und kalten Nacht?" Der Hahn antwortete: „Ich kündige den Tag an, von dem ich aufgrund meiner Natur weiß, dass er sogleich anbrechen (eig.: kommen) wird!" Und der Fuchs (sagte): „Daran (eig.: aus diesem) erkenne ich, dass du irgendetwas an göttlicher Weissagungsgabe besitzt (= hast)."

Als (Weil) der Hahn dies hörte, freute er sich und begann wieder zu singen. Der Fuchs sprach: „Oh, Hahn, Erster aller

Vögel, oh Glücklichster, weil dich die Natur mehr als alle anderen geschmückt hat, komm herab, damit ich mit dir Freundschaft schließen (eig.: machen) kann! Aber wenn du nicht willst, lass mich trotzdem (wenigstens) die Krone deines prächtigen Hauptes küssen, damit ich sagen kann: Ich küsste das Haupt des klügsten Hahnes, der die Krone unter allen Vögeln trägt."

Und als der Hahn das hörte, stieg er herab, weil er den Schmeicheleien des Fuchses vertraute, und neigte seinen Kopf zum Fuchs. Diesen [= den Kopf] packte der Fuchs (sogleich) und fraß den Hahn und stillte (so) seinen Hunger; und er sagte: „Siehe da, ich fand einen Weisen ohne jede Klugheit!"

1.
veniente (Z. 2), canentem (Z. 2), audiens (Z. 6/11), confidens (Z. 11), arripiens (Z. 12)

C Der Wolf und der Priester

Ein (gewisser) Priester lehrte einen Wolf die Buchstaben [= das Alphabet]. Der Priester sagte „A", und der Wolf sagte das Gleiche. Der Priester sagte „B", und der Wolf (wiederholte) das Gleiche. Der Priester sagte „C", und der Wolf sagte das Gleiche. „Nun reihe aneinander und bilde Silben!", sagte der Priester. (Und) der Wolf antwortete: „Silben bilden kenne (= kann) ich noch nicht." Der Priester sagte (zu) diesem: „Sag es so, wie es dir am besten erscheint!" Und der Wolf sagte: „Mir erscheint es am besten, dass dies wie ‚Lamm' klingt." Dann sagte der Priester: „Was im Herzen ist, das ist (auch) im Mund (= woran man denkt, das spricht man auch aus)."
Die Moral (dieser Geschichte lautet): Die Zunge bringt zum Ausdruck, was das Herz liebt (= begehrt). Daran (daraus) kann man erkennen (erkannt werden), dass das, was wahr ist, im Herzen gehalten wird (= vorhanden ist).

1.
c) „(sie) bringt zum Ausdruck"
2.
Tierfreund: HUND, Maurer: WAND, Geograf: LAND, Eltern: KIND, Bauer: RIND, Zahnarzt: MUND

Lateinische Comics

Geschichten in Bildern

S. 206 f.

Prolog (ad Max und Moritz)

Oh böse Bürschchen!
Selten haben wir welche gefunden, die würdig sind, gelobt zu werden (= dass sie gelobt werden),
aber bekannt ist die Schlechtigkeit der Sitten von diesen (Buben) da.
Die Zwillinge Max und Moritz waren für niemanden von Nutzen (= taten niemandem gut);
die, die sie verehren sollten,
verspotteten sie frech.
Sie planten (unternahmen) Übeltaten
(und) waren der schlauen Täuschung kundig,
hielten die Nachbarn zum Narren,
und quälten oft die Tiere.

Asterix

Einige (der) Gallier …

ASTERIX ist unser Held, der diese Gefahren (Abenteuer) auf sich nahm. Von diesem kriegerischen Mann von kleinem Wuchs und kluger Gesinnung werden alle gefährlichen Aufträge ohne irgendein Zögern ausgeführt. Er schöpft mehr als (nur) menschliche Kraft aus dem Zaubertrank des Druiden Panoramix (= Miraculix).

OBELIX ist Asterix' unzertrennlicher Freund. Seine Aufgabe (Pflicht) ist es, riesige Hinkelsteine zusammenzutragen, (und) er liebt Wildschweinfleisch(braten) sehr. Er ist immer bereit, alles aus den Händen fallen zu lassen, damit er Asterix nachfolgt, um ein neues Abenteuer auf sich zu nehmen (= zu bestehen), sofern nur Wildschweine und sehr heftige Schlägereien vorkommen.

PANORAMIX (= MIRACULIX), der ehrwürdige Druide des Dorfes, schneidet Misteln und mischt Zaubertränke. Vor allem ein gewisser Trank, der unglaubliche Kräfte verleiht, ist äußerst bekannt (= beliebt) und den Dorfbewohnern sehr willkommen. Aber Panoramix verfügt (eig.: hat) auch über Rezepte anderer Getränke.

CANTORIX (= TROUBADIX) ist der Sänger (= Barde). Die Meinungen über seine Begabung sind unterschiedlich: Er selbst beurteilt sich als talentiert, alle Übrigen meinen, dass seine Gesänge unbeschreiblich (eig.: unglaublich) sind. Aber wenn er nichts sagt, ist er ein fröhlicher und lebhafter Kamerad, der von allen hoch geschätzt ist.

MAIESTIX schließlich ist der Anführer des Stammes. Er wird von den Seinen als erhabener, sehr tapferer und misstrauischer Mann verehrt, der im Kriegswesen sehr erfahren ist, aber von den Feinden gefürchtet wird. Maiestix fürchtet nichts außer das eine: dass (ihm) der Himmel auf seinen Kopf fallen könnte. Aber wie er selbst sagt: „Noch ist die Sonne aller Tage nicht untergegangen (= Noch ist nicht aller Tage Abend)."

Gegenwartslatein

Nuntii Latini

S. 208

A Der Schein trügt

In Deutschland überführten Polizisten mit (= mithilfe) einer List zwei verdächtige Männer, die behaupteten, dass sie aus Italien stammten (eig.: abstammend waren), und (die) italienische Dokumente vorlegten (= zeigten). Sie ließen diese (verdächtigen Männer) die Zahlen von eins bis vier in italienischer Sprache aufsagen. Weil sie das nicht konnten, wurden sie festgenommen. Im Übrigen wäre diese List (gar) nicht nötig gewesen: Die verdächtigen Männer waren nämlich Chinesen.

1.
a) suspicio („Verdacht") + Suffix -osus (Fülle)
b) Präfix ob- („entgegen") + ferre („tragen")

B Sprachverwirrung

In China wurde ein (gewisser) Nachrichtensprecher eines TV-Senders entlassen, der irrtümlich den Namen des neuen chinesischen Präsidenten Xi Jinping wie „elf Jinping" aussprach. Er hatte dies getan, weil er die Buchstaben X und I als römische Zahlzeichen deutete.

1.
a) loqui („sprechen") + Suffix -tor (Täter)
b) Präfix dis- („weg") + mittere („schicken")

C Sitzprobleme

Ein Brite (eig.: ein gewisser britischer Mann) mit (einem Gewicht von) 170 Kilogramm, der des Geschäfts wegen (= geschäftlich) nach Frankreich fliegen wollte, reservierte für sich wegen seines Übergewichts zwei Sitzplätze im Flugzeug. Der auf sich genommene finanzielle Aufwand war aber erfolglos: Als er das Flugzeug betrat, erkannte er, dass die zwei Sitze nicht benachbart (= nebeneinander), sondern in verschiedenen (Sitz-)Reihen waren.

1.
GS: Cum aeroplanum intraret,
HS: intellexit
sK: duas sedes non vicinas, sed in variis ordinibus esse.

D Zwillinge, Bärte und Pasta

In einer Zeitschrift, die den Namen „TV Movie" trägt, stand Folgendes (eig.: war dies geschrieben worden): „Jennifer Lopez macht für ihre Zwillinge Emma (fünf Jahre alt) und Maximilian (vier Jahre alt) alles." – In Kolumbien ist es allen Polizisten erlaubt, auf der Oberlippe einen Bart zu tragen (eig.: zu haben). Dies war bisher nur Polizisten höherer Ränge erlaubt. Dennoch ist mit diesem Urteil die rechtliche Gleichstellung noch nicht vollständig: Jene Norm ist nämlich nur für Männer gültig. – Einen ziemlich berühmten Namen hatte dieser Einbrecher, der neulich in Bologna gefasst wurde, als er ins „Haus der echten Bologneser Tortellini" eindrang: Sein Name ist Fabrizio Spaghetti.

S. 209

Latein in der Gegenwart
1. Dirndl
2. Wiener Walzer
3. Skateboard
4. U-Bahn
5. Führerschein
6. Homepage
7. Wohnmobil
8. Schneemann
9. Bankomat
10. Kipferl
11. E-Mail
12. Selfie
13. Speisekarte
14. Verkehrssünder
15. Stress
16. Minirock

S. 210 f.

E Political Correctness

Von Fluglotsen werden viele Dinge verlangt: Z. B. liest man auf der Homepage des Flughafens der britischen Insel St. Mary, dass die Fluglotsen höchste Sehkraft benötigen, damit sie eine Veränderung des Wetters mit bloßem Auge (eig.: allein mit den Augen) und ohne Hilfe teurer Instrumente erkennen (können).

Aus diesem Grund ist es verwunderlich (= verwundert es), dass der Flughafen die Bewerbungsunterlagen nicht nur auf herkömmliche Art und Weise zur Verfügung stellt, sondern auch in Blindenschrift. „Dennoch haben wir nicht vor, blinde Fluglotsen aufzunehmen", versichern die Betreiber des Flughafens. „Jene Bewerbungsunterlagen haben wir nur deshalb angeboten, um Diskriminierungsvorwürfe (eig.: Vorwürfe, die sich auf Diskriminierung beziehen) zu vermeiden."

1.
a) verwunderlich
b) wir stellten zur Verfügung
2.
a) F; b) R; c) R; d) F
3.
a) mutare („verändern") + Suffix -tio (Tätigkeit)
b) Präfix ad- („heran", „an") + capere („nehmen")
c) administrare („verwalten") + Suffix -tor (Täter)
4.
a) Political Correctness würde literarische Tätigkeit einschränken.
b) Blinde Autofahrer sind ebenso undenkbar wie blinde Fluglotsen.
c) Sie wollten den Vorwurf der Diskriminierung vermeiden.

F Fußballerlatein

pedifolle ludere: Fußball spielen
pedilusor: Fußballspieler
custos portae: Torhüter
defensor: Abwehrspieler
lusor medius: Mittelfeldspieler
oppugnator: Stürmer
lusor auxiliarius: Ersatzspieler
exercitor: Trainer
adiutor arbitri: Schiedsrichterassistent
poenaliter ludere: foul spielen
ictus angularis: Corner, Eckstoß
ictus undecim metrorum: Elfmeter
chartula lutea / rubra: gelbe / rote Karte

G Sprachspielereien und Pseudolateinisches

1. Sei gegrüßt, Großvater mit dem Vogel!
2. Mit ihm gehe ich dorthin.
3. Oxford
4. urbi@orbi (@: sprich et) = Papstsegen zu Ostern und Weihnachten (der Stadt und dem Erdkreis)
5. Errare humanum est.
6. Running Sushi
7. Sieht aus wie Latein, ist aber kanes (= keines).
8. Die Teekanne ist kaputt.

S. 212

Abschlussquiz

1. c)
2. R
3. d)
4. praenomen, nomen gentile, cognomen
5. a)
6. üppig, schlemmerhaft, genussvoll
7. Aufschrift
8. Marcus Valerius Martialis
9. R
10. Pecunia non olet.
11. c)
12. Der Fuchs und die Trauben (Phaedrus 4,3)
13. Der zerplatzte Frosch (Phaedrus 1,24)
14. Ich muss aufs stille Örtchen (= aufs Klo).
15. a) vulpes, b) rana, c) agnus, d) mus